상황별로 배우는 중급 중국어

Pattern & drill로 익히기

여정화 · 장지혜

부산대학교 출판부

머리말

국제 교류를 원활하게 하기 위해 가장 중요한 것은 회화 능력을 기르는 것일 것이다. 중국과의 교류에 있어서도 마찬가지일 것이다.

현재 중국어 관련 서적은 다양하게 출판되어 있어 많은 사람들이 어떤 것으로 배우는 것이 좋을까하는 고민을 하게 할 것이다. 당연히 학습자의 입장에서는 쉽게 익힐 수 있는 책은 어떤 것인가 일 것이다. 이에 이 책에서는 중국어를 배우는 학생들이 쉽게 중국어 문법과 어휘를 배울 수 있게 하기 위해 Pattern을 정리하고 그에 따라 연습할 수 있도록 구성하였다.

이 책은 상황별로 배우는 중국어 시리즈로 초급에서 중급까지의 내용을 상황별로 배울 수 있게 총 두 권으로 구성하였다. 본 편은 중급편으로 초급을 배운 학생들이 다음 단계에서 발음・어휘・어법을 배우고 자연스런 중국어를 익힐 수 있게 구성하였다. 중급편 역시 초급에서처럼 나음과 같은 부분을 중점적으로 엮었다.

첫째, 본 교재에서는 기초 어법을 익힐 때 중국인이 자연스럽다고 느끼는 문장으로 정확히 익힐 수 있게 구성하였다. 따라서 중국어를 모국어로 하지 않는 학생들에게 자연스러운 중국어를 익히게 하기 위해 중국 사람들이 일상생활에서 쓰는 어휘나 문장들을 다양하게 다루었다. 둘째, 각 국가 간의 언어에서 어휘나 어법 부분이 모두 1:1로 대응되지는 않다 보니 최대한 쉽게 설명하고 표현하는 과정에서 어색한 외국어 문장이 있을 수도 있다. 이에 한국인이 어려워하는 문장 표현들을 골라 Pattern과 drill로 정리하여 쉽게 익힐 수 있게 하였다.

본 교재를 통해 중국 문화와 중국어에 대해 더 많은 관심을 가지게 되고, 중국을 이해하는 첫걸음이 되길 바란다.

2015년 8월

저자 일동

목차

단원별 학습 내용

단원	주요 회화 내용	문법과 어휘
제1과 패스트푸드점과 커피전문점에서 在快餐厅和咖啡厅	1. 패스트푸드점에서 사이즈 업그레이드하여 주문하기. 2. 커피 주문시 사이즈 선택하기. 3. 음료 선택시 요구 사항 말하기.	1. '把'자문 2. 조동사: '可以'와 '能' 3. 조동사: '要' 4. 선택관계: '还是'
제2과 식당에서 在餐厅	1. 식당 예약하기. 2. 자리 정하기. 3. 차이니스 레스토랑에서 주문하기.	1. 조동사: '想' 2. 전치사 : '给', '对', '为' 3. 가정관계: '～的话' 4. '让'과 동량사 '遍' 5. 강조: '可～了'
제3과 쇼핑센터에서 在购物中心	1. 화장품 코너에서 피부타입에 맞춰 상품을 구매하기. 2. 전자제품 구매하기. 3. 중국에서 제품 구매후 할인 쿠폰 받기.	1. 동태조사: '了' 2. 결과보어 3. 상황 변화: '要～了' 4. 강조: '正是～才'
제4과 스포츠센터에서 在健身中心	1. 스포츠센터에 관련 프로그램 문의하기. 2. 레벨에 대해 묻기. 3. 스포츠센터 회원 등록하기.	1. 조동사: '会' 2. 겸어문 3. 선후관계: '首先～然后' 4. 전환관계: '虽然～但是' 5. 선택관계: '或者' 6. 전치사구 보어
제5과 공항에서 在机场	1. 비행기표 예매하기. 2. 탑승 수속하기. 3. 수화물 부치기.	1. 조건관계: '只要～就' 2. 조건관계: '只有～才' 3. 동태조사: '着' 4. '一下'의 다양한 용법

단원	주요 회화 내용	문법과 어휘
제6과 호텔에서 在酒店	1. 예약한 방에 대해 체크인하기. 2. 체크아웃하기. 3. 영수증 내용에 대해 문의하기.	1. '多'가 들어가는 의문사 2. 시량보어 3. 병렬관계: '并' 4. 점층관계: 又～也 5. 연동문
제7과 은행에서 在银行	1. 은행에서 환전하기. 2. 이율 묻고 통장 만들기. 3. 인터넷뱅킹 신청하기.	1. '比'를 사용한 비교문 2. '有'를 사용한 비교문 3. 가능보어: '得了'와'不了' 4. 점층관계 '而且' 5. 인과관계 '因为～所以'
제8과 영화관에서 在电影院	1. 영화 선택하기. 2. 좌석 정하기. 3. 영화관에서 간식 사기.	1. 동태조사: '过' 2. 점층관계: '除了～以外' 3. 병렬관계: '一边～一边' 4. '以为', '认为'의 비교 5. '听说'
제9과 병원에서 在药店	1. 건강검진 접수하기. 2. 약국에서 약 구입하기. 3. 의료 보험 관련 묻기.	1. 강조 '是～的' 용법 2. '省得' 3. '被'자문 4. 방향보어
제10과 우체국에서 在邮局	1. 새해 카드보내기 2. 우편 종류 묻기 3. 소포 부치기	1. '将'의 여러 용법 2. 가능보어 3. '除非～要不然' 4. '为～起见'

第1课

在快餐厅和咖啡厅

패스트푸드점과 커피전문점에서

회화 내용	어법&어휘
1. 패스트푸드점에서 사이즈 업그레이드하여 주문하기.	1. '把'자문
2. 커피 주문시 사이즈 선택하기.	2. 조동사: '可以', '能', '要'
3. 음료 선택시 요구 사항 말하기.	3. 선택관계: '还是'

새 단어

Track 1

需要 [xūyào] 【동】 필요하다. 요구되다.	焦糖摩卡 [jiāotángmókǎ] 【명】 카라멜 카페모카.
加 [jiā] 【동】 넣다. 첨가하다.	绿茶拿铁 [lǜchánátiě] 【명】 녹차 라떼.
或者 [huòzhě] 【접】 …이던가 아니면 …이다.	奶油 [nǎiyóu] 【명】 버터. 크림. 생크림.
薯条 [shǔtiáo] 【명】 감자튀김.	套餐 [tàocān] 【명】 세트 메뉴. 코스 요리.
找 [zhǎo] 【동】 찾다. 거슬러 주다.	取 [qǔ] 【동】 가지다. 취하다. 찾다.

회화 1. 在快餐店 패스트 푸드점에서 Track 2

店员：欢迎光临。请问您需要什么？
diànyuán：huānyíng guānglín. qǐngwèn nín xūyào shénme?

东勛：请给我一个鸡腿汉堡套餐。
dōngxūn：qǐng gěi wǒ yí ge jītuǐ hànbǎo tàocān.

店员：再加两块钱的话，可以把可乐换成大可或者把薯条换成大薯。
diànyuán：zài jiā liǎng kuài qián dehuà, kěyǐ bǎ kělè huànchéng dàkě huòzhě bǎ shǔtiáo huànchéng dà shǔ.

东勛：那把可乐换成大可吧。
dōngxūn：nà bǎ kělè huànchéng dàkě ba.

店员：还需要什么？
diànyuán：hái xūyào shénme?

东勛：再给我一个起士汉堡吧。
dōngxūn：zài gěi wǒ yí ge qǐshìhànbǎo ba.

店员：好。一个鸡腿汉堡套餐，加一个大可，还有一个起士汉堡，
diànyuán：hǎo. yí ge jītuǐ hànbǎo tàocān, jiā yí ge dàkě, háiyǒu yí ge qǐshìhànbǎo,

总共38块钱。
zǒnggòng sānshíbā kuài qián.

东勛：这是50块钱。
dōngxūn：zhè shì wǔshí kuài qián.

店员：收到您50块钱，找您12块钱。
diànyuán：shōudào nín wǔshí kuài qián, zhǎo nín shí'èr kuài qián.

회화 2. 在咖啡厅 커피전문점에서 Track 3

店员：欢迎光临。请问您需要什么？
diànyuán：huānyíng guānglín. qǐngwèn nín xūyào shénme?

小华：请给我一杯焦糖摩卡和一杯绿茶拿铁。
xiǎohuá：qǐng gěi wǒ yì bēi jiāotángmókǎ hé yì bēi lǜchánátiě.

店员：您要热的还是冰的？
diànyuán：nín yào rè de háishi bīng de?

小华：摩卡要冰的，拿铁要热的。
xiǎohuá：mókǎ yào bīng de, nátiě yào rè de.

店员：需要多大杯的？有大杯，中杯和小杯三种。
diànyuán：xūyào duōdà bēi de? yǒu dàbēi, zhōngbēi hé xiǎobēi sān zhǒng.

小华：两个都要中杯的。
xiǎohuá：liǎng ge dōu yào zhōngbēi de.

店员：摩卡上需要加奶油吗？
diànyuán：mókǎ shang xūyào jiā nǎiyóu ma?

小华：不需要。
xiǎohuá：bù xūyào.

店员：您点的是一杯冰焦糖摩卡和一杯热绿茶拿铁。
diànyuán：nín diǎn de shì yì bēi bīng jiāotángmókǎ hé yì bēi rè lǜchánátiě.

冰焦糖摩卡是28块钱，热绿茶拿铁是25块钱。
bīng jiāotángmókǎ shì èrshíbā kuài qián, rè lǜchá nátiě shì èrshíwǔ kuài qián.

一共是53块钱。还需要什么吗？
yígòng shì wǔshísān kuài qián. hái xūyào shénme ma?

小华：没有了。这是60块。
xiǎohuá：méi yǒu le. zhè shì liùshí kuài.

店员：收到您60块钱，找您7块钱。请五分钟后来取。
diànyuán：shōudào nín liùshí kuài qián, zhǎo nín qī kuài qián. qǐng wǔ fēnzhōng hòu láiqǔ.

Pattern으로 익히는 문법과 어휘

1. '把'자문

那把可乐换成大可吧。
nà bǎ kělè huànchéng dà kě ba.
그럼 콜라를 큰 걸로 바꿀 게요.

중국어에서 목적어는 일반적으로 동사 뒤에 위치하지만, 때로는 행동을 강조하기 위해서 목적어를 술어 앞으로 놓는 형태를 사용하는 경우가 있다. 이때 '把+목적어'의 형태로 술어 앞에 놓는다. 이러한 형태의 문장을 '把자문'이라고 하며 다음과 같은 특징이 있다.

첫째, 술어 동사 뒤에 '결과보어', '방향보어', '어기조사', 동사의 중첩 등의 기타 성분이 놓인다. 그러나 '가능보어'나 조사 '过'는 쓰지 않는다.

(1) 请**把**那本书拿**来**。

(2) 我昨天**把**那块蛋糕吃**了**。

둘째, 이중목적어를 취하는 동사의 경우 간접목적어를 술어 동사 뒤에 쓴다. 형태는 把+직접목적어+동사+전치사+간접목적어이다.

(3) 我**把**钱借给**好朋友**了。

(4) 妈妈**把**生日礼物送给**我**了。

셋째, 부정사, 조동사, 부사는 '把+목적어' 앞에 놓인다.

(5) 我**不会/把**事情搞砸的。

(6) 她**将/把**咖啡买回来。

(7) 你**竟然/把**我的裙子弄脏了？

그리고 목적어는 반드시 화자와 청자가 모두 알고 있는 내용이어야 한다.

2. 조동사 '可以와 能'

可以把可乐换成大可或者把薯条换成大薯。
kěyǐ bǎ kělè huànchéng dàkě huòzhě bǎ shǔtiáo huànchéng dàshǔ.
콜라를 큰 사이즈 혹은 감자튀김을 큰 사이즈로 바꿀 수 있다.

조동사 '可以'는 '~해도 좋다.(허가)'와 '~할 수 있다.(가능)'의 의미로 쓰인다.

(1) 我可以坐在这儿吗？(허가)
(2) 小华可以跟外国人说英语。(가능성)

조동사 '能'은 '~할 수 있다.(능력)', '~해도 좋다.(허가)', '~일 것이다.(가능성)'의 의미로 쓰인다. 이 중에서 '~해도 좋다.(허가)', '~일 것이다.(가능성)'의 의미는 '可以'와 같이 쓸 수 있다.

(3) 请问我能(可以)跟你一起去中国吗？(허가)
(4) 他今天晚上能(可以)来吗? (가능성)

그러나 금지의 경우에는 '不可以'만 가능하다.

(5) 这里是禁烟区，不可以吸烟。(금지)

3. 조동사 '要'

摩卡要冰的，拿铁要热的。
mókǎ yào bīng de, nátiě yào rè de.
모카는 차가운 것으로, 라테는 뜨거운 것으로 할 게요.

조동사 '要'는 '~해야 한다.(당위성)', '~할 것이다.(추측, 가능성)', '~하려고 한다.(의지)' 라는 의미로 쓰인다. 부정의 경우 부정부사 '不'를 '要' 앞에 쓰면 된다. 단, 의지를 나타내는 의미에서의 부정형은 '不想(~하고 싶지 않다.)'으로 쓴다.

(1) 你要听妈妈的话。(당위성)
(2) 他可能要结婚了。(추측, 가능성)
(3) 我不想去日本，我想去中国。(의지)

4. 접속사 '还是'

> 您要热的**还是**冰的？
> nín yào rè de háishì bīng de？
> 당신은 따뜻한 것을 원하나요 아니면 시원한 것을 원하나요?

접속사 '还是'는 A와 B 중 어떤 것을 선택할 지를 물을 때 사용하는 것으로, 'A还是B'는 'A입니까 아니면 B입니까'라는 의미의 의문문이다. 다음과 같이 물어 볼 수 있다.

(1) 你去**还是**我去？（주어 선택의 경우）
(2) 我们明天见**还是**后天见？（시간사 선택의 경우）
(3) 我们坐公共汽车去，**还是**打车去？（수단 선택의 경우）

주어가 동일할 경우 뒤에 오는 주어를 생략 할 수 있다. 그러나 동사의 경우에는 일반적으로 앞뒤가 동일해도 생략하지 않는다. 그러나 '是'의 경우 '还是'의 '是'와 겹치지 않기 위해 생략 한다.

(4) 你喜欢喝茶**还是**喝咖啡？（목적어 선택의 경우）
(5) 你**是**老师**还是**学生?（목적어 선택의 경우）

응용해 봅시다

1. 제시된 단어를 활용하여 아래 문장을 보기와 같이 완성해 보세요.

1) 要~的，要~的。

> 摩卡要冰的，　拿铁要热的。

(1) ______要______的，______要______的。　[裤子，裙子，长，短]

(2) ______要______的，______要______的。　[包子，饺子，大，小]

(3) ______要______的，______要______的。　[手提包，钱包，黑，红]

(4) ______要______的，______要______的。　[钢笔，铅笔，粗，细]

2) 还是

> 您要热的还是冰的？

(1) ________还是________？[茶，咖啡，喜欢，喝]

(2) ________还是________？[中国，韩国，去]

(3) ________还是________？[意大利面，牛扒，吃]

(4) ________还是________？[电话，邮件，发，打]

3) 可以，能

> 可以把可乐换成大可或者把薯条换成大薯。

(1) 你__________从釜山来北京参加我的婚礼吗？

(2) 我旁边的座位没有人，你__________坐在这儿。

(3) 未满十八岁不 __________喝酒。

(4) 你去过韩国，__________说韩语吗？

2. 아래의 단어를 문법에 맞게 배열하고 해석하세요.

(1) 摩卡　上　需要　加　奶油　？

→

(2) 取　五分钟　请　后　来　。

→

(3) 大可　换成　把　那　吧　可乐　。

→

(4) 都　中杯　两个　的　要　。

→

3. 다음 한국어를 중국어로 바꾸어 보세요.

(1) 200원 추가하시면, 콜라 또는 감자튀김을 큰 사이즈로 드실 수 있습니다.

→

(2) 치킨 버거 세트에 콜라 사이즈 업 하셔서 모두 38원입니다.

→

(3) 50원 받았습니다. 거스름돈 12원입니다.

→

(4) 따뜻한 걸로 하시겠어요? 차가운 걸로 하시겠어요?

→

(5) 모카는 생크림 추가 할까요?

→

4. 다음 제시된 어휘를 사용하여 대화문을 만들어 보세요.

套餐，需要，开始，可以，预定，把，还是，可以

5. 다음 글을 읽고 100자로 요약해 보세요.

现在在咖啡厅使用笔记本上网的人越来越多， 在咖啡厅里最常见的画面，是大家陷在松软的沙发里，手里捧着笔记本电脑，或插上耳机听音乐，或盯着屏幕做沉思状，这时候喝咖啡似乎成了其次。

而在二十几年前，我们要是能在酒店大堂喝杯速溶咖啡，都觉得非常潇洒非常有面子，咖啡作为一种舶来的饮料，在国内高速成长是这几年的事情。而今天，麦当劳的8块钱一杯的鲜煮咖啡已经可以让我们以较低的代价来消费了，但对于很多中国人来说,喝咖啡特别是去咖啡馆还是很小资的事儿，这主要是受到人的影响比较深，商务人士榜样的力量让我们潜移默化的认为在一些咖啡厅办公，是高端的表现，是有腔调的，这种优越感一直延续着，变化着。

주제별 어휘: 패스트푸드와 카페

乐天利亚	麦当劳	汉堡王	米斯特比萨
lètiānlìyà	màidāngláo	hànbǎowáng	mǐsītèbǐsà
롯데리아	맥도날드	버거킹	미스터피자
必胜客	**巴黎贝甜**	**多乐之日**	**星巴克**
bìshèngkè	bālíbèitián	duōlèzhīrì	xīngbākè
피자헛	파리바게트	뚜레쥬르	스타벅스
芭斯罗缤	**安琦丽诺**	**芒果汁**	**咖啡欧蕾**
bāsīluóbīn	ānqílìnuò	mángguǒzhī	kāfēiōulěi
베스킨라빈스31	앤젤리너스	망고주스	카페오레
蓝莓酸奶果昔	**奶昔**	**沙冰**	**咖啡因**
lánméi suānnǎi guǒxī	nǎixī	shābīng	kāfēiyīn
블루베리 요거트 스무디	밀크쉐이크	슬러쉬	카페인
双层吉士汉堡包	**沙司**	**餐巾纸**	**吸管**
shuāngcéng jíshì hànbǎobāo	shāsī	cānjīnzhǐ	xīguǎn
더블치즈버거	케첩	종이냅킨	빨대

第2课

在餐厅

식당에서

<u>회화 내용</u>

1. 식당 예약하기.
2. 자리 정하기.
3. 차이니스 레스토랑에서 음식주문하기.

<u>어법&어휘</u>

1. 조동사: '想'
2. 전치사 : '给', '对', '为'
3. 가정관계: '～的话'
4. '让'과 동량사 '遍'
5. 강조: '可～了'

새 단어

Track 4

预约 [yùyuē]【동】예약하다.	厚爱 [hòu'ài]【동】특별히 보살피다. 깊은 관심을 보이다.
餐厅 [cāntīng]【명】식당.	环境 [huánjìng]【명】환경.
预订 [yùdìng]【동】예약하다. 예매하다.	特色菜 [tèsècài]【명】특색 요리.
包间 [bāojiān]【명】(음식점의) 룸.	顾客 [gùkè]【명】고객. 손님.
座位 [zuòwèi]【명】좌석.	慕名而来 [mùmíng'érlái]【성어】명성을 흠모하여 찾아오다.
追加 [zhuījiā]【동】추가하다. 더하다.	份 [fèn]【양】세트.
确认 [quèrèn]【동】(사실이나 원칙 등을) 명확히 인정하다. 확인하다.	盘 [pán]【양】판. 대. 그릇.
愿意 [yuànyì]【동】동의하다. 달가워하다.	东坡肘子 [dōngpōzhǒuzi]【고유】동파저우즈. 돼지 허벅지로 만든 동파육.
为 [wèi]【개】…에게 (…을 해 주다). …을 위하여 (…을 하다).	西湖醋鱼 [xīhúcùyú]【고유】시후추위. 새콤달콤한 항주지역의 생선요리.
支持 [zhīchí]【동】지지하다. 견디다. 지탱하다.	金丝卷 [jīnsījuǎn]【고유】진스쥐엔. 안에 칼국수 모양의 밀가루 반죽을 넣어 쪄낸 만터우(馒头)의 일종.

회화 1. 预约 예약하기 Track 5

服务员：您好，这是北京餐厅。
fúwùyuán：nínhǎo, zhè shì běijīng cāntīng.

东勋：我想预定一个包间，今天晚上6点半还有座位吗？
dōngxūn：wǒ xiǎng yùdìng yí ge bāojiān, jīntiān wǎnshàng liù diǎn bàn háiyǒu zuòwèi ma?

服务员：有，请问几位？
fúwùyuán：yǒu, qǐngwèn jǐ wèi?

东勋：六个人。
dōngxūn：liù ge rén.

服务员：十位以下的话，需要追加50块钱。
fúwùyuán：shí wèi yǐxià dehuà, xūyào zhuījiā wǔshí kuài qián.

东勋：没问题。请帮我预约吧。
dōngxūn：méiwèntí. qǐng bāng wǒ yùyuē ba.

服务员：请告诉我您的姓名与联系方式。
fúwùyuán：qǐng gàosu wǒ nín de xìngmíng yǔ liánxì fāngshì.

东勋：我叫赵东勋，手机号是130-8484-1982。
dōngxūn：wǒ jiào zhàodōngxūn, shǒujīhào shì yāo sān líng bā sì bā sì yāo jiǔ bā èr.

服务员：那让我再确认一遍。
fúwùyuán：nà ràng wǒ zài quèrèn yí biàn.

赵东勋先生，今天晚上6点半预订一个包间，共六位。
zhàodōngxūn xiānshēng, jīntiān wǎnshang liù diǎn bàn yùdìng yí ge bāojiān, gòng liù wèi.

联系方式是130-8484-1982。您看对吗？
liánxì fāngshì shì yāo sān líng bā sì bā sì yāo jiǔ bā èr. nín kàn duì ma?

东勋：对，谢谢。
dōngxūn：duì, xièxie.

服务员：我很愿意为您服务。非常感谢您对我们餐厅的支持与厚爱。
fúwùyuán：wǒ hěn yuànyì wèi nín fúwù. fēicháng gǎnxiè nín duì wǒmen cāntīng de zhīchí yǔ hòu'ài.

회화 2. 在北京餐厅 베이징 레스토랑에서 Track 6

东勛：小华，这儿的环境是不是很好？
dōngxūn：xiǎohuá, zhèr de huánjìng shìbúshì hěn hǎo?

小华：嗯，挺不错的!
xiǎohuá：èng, tǐng búcuò de!

东勛：你喜欢吃什么？今天我请客。
dōngxūn：nǐ xǐhuan chī shénme? jīntiān wǒ qǐng kè.

小华：真的？那我可要点贵的了!
xiǎohuá：zhēn de? nà wǒ kě yào diǎn guì de le!

东勛：服务员。我们要点菜。
dōngxūn：fúwùyuán. wǒmen yào diǎncài.

服务员：你好，请问想要点儿什么？
fúwùyuán：nǐ hǎo, qǐngwèn xiǎng yào diǎnr shénme?

小华：这儿的特色菜是什么？
xiǎohuá：zhèr de tèsè cài shì shénme?

服务员：我们这儿的东坡肘子很有名。很多顾客都是慕名而来。
fúwùyuán：wǒmen zhèr de dōngpōzhǒuzi hěn yǒumíng. hěn duō gùkè dōu shì mùmíngérlái.

东勛：好，那给我们来一个吧。再来一盘儿西湖醋鱼。
dōngxūn：hǎo, nà gěi wǒmen lái yí ge ba. zài lái yì pánr xīhúcùyú.

服务员：需要什么主食吗？
fúwùyuán：xūyào shénme zhǔshí ma?

小华：给我们一份金丝卷吧。
xiǎohuá：gěi wǒmen yí fèn jīnsījuǎn ba.

服务员：还需要别的吗？
fúwùyuán：hái xūyào bié de ma?

小华：够了。不够的话一会儿再点。
xiǎohuá：gòu le. bú gòu dehuà yí huìr zài diǎn.

Pattern으로 익히는 문법과 어휘

1. 조동사 '想'

我**想**预定一个包间。
wǒ xiǎng yùdìng yí ge bāojiān.
저는 룸 하나를 예약하고 싶은데요.

조동사 '想'은 ~하고 싶다.(소망)의 의미로 쓰인다. 부정의 의미에서는 '不想(~하고 싶지 않다)'라고 쓴다.

(1) 我**想**去中国工作。
(2) 他**不想**贷款买房。

2. 사역동사 '让'과 동량사 '遍'

那**让**我再确认一**遍**。
nà ràng wǒ zài quèrèn yíbiàn.
그럼 제가 다시 한 번 확인해 보도록 하겠습니다.

'让'은 'A让B'의 형태로 'A가 B에게~하게 하다', 또는 'A가 B에게~하게 시키다.'라는 뜻의 사역동사이다.

(1) **让**他自己好好想想吧。
(2) 是谁**让**你去做这么危险的事情的？

'遍'은 동량사로 어떤 동작의 처음부터 끝까지의 전 과정을 셀 때 쓴다. 동량사는 동작의 횟수를 세는 단어로 일반적으로 동량사는 '수량사+동량사'의 형태로 술어 동사 뒤에 목적어의 앞뒤에 다 올 수 있다. 그러나 목적어가 대명사일 경우는 반드시 '동사+목적어(대명사)+수사+동량사'의 형태로 써야 한다.

(3) 请您再说一**遍**。
(4) 我打算在放假的时候看一**遍**《简爱》。

(5) 他从来都没来过首尔，今天要逛它一遍。

3. 전치사 '给', '对', '为'

那给我们来一个吧。
nà gěi wǒmen lái yí ge ba.
그럼 우리에게 하나 주세요.

전치사 '给'는 '~에게', '~를 향하여'라는 의미로 사용된다.

(1) 王老师很喜欢你送给她的那本书。

(2) 我打算在他生日的时候给他一份惊喜。

非常感谢您对我们餐厅的支持与厚爱。
fēicháng gǎnxiè nín duì wǒmen cāntīng de zhīchí yǔ hòuài.
저희 레스토랑에 깊은 관심을 가져주셔서 매우 감사드립니다.

전치사 '对'는 '~에게'라는 의미로 동작의 대상을 표시하거나, '~에 대하여'라는 의미로 대상에 대한 태도를 드러낼 때 사용한다.

(1) 你对谁讲这件事了？

(2) 我们都对爷爷非常尊敬。

我很愿意为您服务。
wǒ hěn yuànyì wèi nín fúwù.
당신을 위해 서비스 하게 되어 매우 기쁩니다.

전치사 '为'는 '~에게', '~을 위하여'의 의미는 행위의 대상을 나타낼 때 쓰며, '~을 하기 위하여'의 의미는 목적을 나타낼 때 쓰고, '~ 때문에', '~까닭으로'의 의미는 원인을 나타낼 때 쓴다.

(1) 妈妈为我做出了非常大的牺牲。

(2) 这是我为你做的鱼香肉丝。

4. 강조 용법 '可~了'

那我**可**要点贵的**了**!
nà wǒ kě yào diǎn guì de le!
그러면 아주 비싼 걸로 시켜야지!

'可~了'는 '아주 ~하다'의 의미로 '可+형용사+了'의 형태로 쓰여 정도가 매우 강함을 나타낸다. 형용사가 부정적일 때는 부정적 의미의 강조, 긍정적일 때는 긍정적 의미의 강조 이다. '太~了'의 형태도 많이 쓴다.

(1) 韩国的化妆品可好了，算得上物美价廉。
(2) 她的男朋友可帅了。

5. 가정 용법 '~的话'

不够**的话**一会儿再点。
bú gòu de huà yí huìr zài diǎn.
부족하면 좀 있다 다시 시키죠.

'~的话'은 '~한다면'의 의미로 앞 절에 쓰여 가정을 나타내며, 뒷 절에는 '就', '那么' 등을 쓴 후 가정에 대한 결론, 결과 등의 내용을 쓴다. 또 '如果'혹은 '要是'와 같이 쓰여 '如果/要是~的话(만약에~한다면)'의 형태로도 잘 쓰인다.

(1) 你喜欢**的话**，我就送给你。
(2) **要是**我去台湾**的话**，会买给你凤梨酥。

응용해 봅시다

1. 보기에서 알맞은 단어 골라 아래 문장을 완성 하세요.

想 对 为 让 的话 遍 可 了

(1) 这个录音机是我________了让他学习汉语买的。

(2) 我今天________把《简爱》再看一________。

(3) 这杯咖啡是我________他买回来的。

(4) 妈妈________我操尽了心。

(5) ________他的说法，我不是非常认同。

(6) 你明天有时间__________，我们一起吃个晚饭吧。

(7) 台湾的小吃________有名__________。

2. 아래의 단어를 문법에 맞게 배열하고 해석하세요.

(1) 点　不够　一会儿　再　的话　。

→

(2) 姓名　联系方式　告诉　您　我　的　与　请　。

→

(3) 很　不是　这儿　是　环境　的　好　？

→

(4) 厚爱　支持　您　非常　我们　对　餐厅　的　感谢　。

→

3. 다음 한국어를 중국어로 바꾸어 보세요.

(1) 전 룸을 하나 예약하고 싶은데요, 오늘 저녁 6시 반에 자리 있나요?

→

(2) 10명 이하이시면, 50원을 추가하셔야 됩니다.

→

(3) 그럼 다시 한 번 더 확인하겠습니다.

→

(4) 여기 분위기 좋은 거 같지 않아?

→

(5) 부족하면 좀 있다 다시 주문할 게요.

→

4. 다음 제시된 어휘를 사용하여 대화를 만들어 보세요.

预约，确认，特色菜，环境，为，慕名而来，顾客

5. 다음 글을 읽고 100자로 요약해 보세요.

昨天中午，市民张先生与女友去武汉天地一家餐厅吃饭，席间两人被邻桌的一对母子吸引。年轻的妈妈非常严厉，点菜时她跟小伢说，要求做对四道题才能点个冰淇淋甜点。点完菜后，他俩立刻把作业本摊上桌，开始讨论题目。前三题小伢似乎完成的非常顺利，到了最后一题，大约卡壳了10分钟还没结果，妈妈和他讨论了一会儿，也没有结论。张先生看到小伢一脸哭相，估计担心冰淇淋没得了。

看到母子俩始终做不出来这题，女友提议让研究生学历的张先生去帮忙，免得小孩子吃不到冰淇淋。小朋友看到有人过来帮忙，非常高兴。起初张先生看作业本上“小学二年级智力拓展”的名字时，还颇为自信。结果一看到题目就傻了眼。“我原以为只是10以内的加减乘除，没想到是个图形推理，完全不知道怎么下手啊。”张先生拿笔在餐巾纸上画了一会儿，无奈地跟小朋友说抱歉，然后非常难为情的回到了自己桌继续吃饭。

주제별 어휘: 주문과 맛

自助餐	一品料理	主菜	冷盘
zìzhùcān	yīpǐnliàolǐ	zhǔcài	lěngpán
뷔페	일품요리	메인 디쉬	냉채
甜点	**农家菜**	**家常菜**	**素菜**
tiándiǎn	nóngjiācài	jiāchángcài	sùcài
디저트	향토 요리	가정식 요리	야채 요리
海鲜料理	**味道浓厚**	**淡**	**麻**
hǎixiānliàolǐ	wèidàonónghòu	dàn	má
해산물 요리	맛이 진하다.	싱겁다.	맵다.(산초)
辣	**酸甜**	**油腻**	**柔软**
là	suāntián	yóunì	róuruǎn
맵다.(고춧가루)	새콤달콤하다.	기름지다.	부드럽다.
蹦脆	**美食家**	**AA制**	**打包**
bèngcuì	měishíjiā	AAzhì	dǎbāo
바삭바삭하다.	미식가	더치페이	싸 가다.

第3课

在购物中心

쇼핑센터에서

<table>
<tr>
<td>

회화 내용

1. 화장품 코너에서 피부타입에 맞춰 상품을 구매하기.
2. 전자제품 구매하기.
3. 중국에서 제품 구매후 할인 쿠폰 받기.

</td>
<td>

어법&어휘

1. 동태조사: '了'
2. 결과보어
3. 상황변화 '要~了'
4. 강조: '正是~才'

</td>
</tr>
</table>

새 단어

Track 7

柜台 [guìtái]【명】계산대. 카운터.	信誉 [xìnyù]【명】평판. 신용. 명성.
售货员 [shòuhuòyuán]【명】판매원.	售后服务 [shòuhòufúwù] 【명】에프터 서비스(A/S).
肤质 [fūzhì]【명】피부. 피부결. * 基础护肤品: 기초 화장품.	没得说 [méideshuō] 말할 것이 없다.
套 [tào]【명】전체. 총체. 세트.	恰逢 [qiàféng]【동】때마침 만나다. 제때 마주치다.
品牌 [pǐnpái]【명】상표. 브랜드.	开业 [kāiyè]【동】개업하다.
推荐 [tuījiàn]【동】추천(소개)하다.	举办 [jǔbàn]【동】거행하다. 개최하다. 열다.
干性 [gānxìng]【명】건성.	酬宾大促销活动 [chóubīndàcùxiāohuódòng] 【명】고객 감사이벤트.
油性 [yóuxìng]【명】유성. 지성.	返 [fǎn]【동】돌아오다. 돌아가다.
款 [kuǎn]【명】양식. 스타일. 디자인.	简直 [jiǎnzhí]【부】그야말로. 너무나. 전혀. 완전히. 정말로. 참으로.
肌肤 [jīfū]【명】근육과 피부.	划算 [huásuàn]【형】수지가(타산이) 맞다. 계산이 맞다.
保持 [bǎochí]【동】유지하다. 지키다.	花纹 [huāwén]【명】각종 무늬와 도안.
滋润 [zīrùn]【형/동】촉촉하다. 촉촉하게 적시다.	眼光 [yǎnguāng]【명】안목. 식견.
受~欢迎 [shòu~huānyíng] 인기리에 각광(을) 받다.	畅销 [chàngxiāo]【형】판로가 넓다. 잘 팔리다. 매상이 좋다.
人群 [rénqún]【명】군중. 무리.	微波炉 [wēibōlú]【명】전자레인지.

国庆节 [guóqìngjié]【명】국경절. 1949년 10월 1일 '중화인민공화국(中华人民共和国)'의 건국을 기념하는 날.	现金券 [xiànjīnquàn]【명】현금 쿠폰.
赠送 [zèngsòng]【동】증정하다. 주다.	收银台 [shōuyíntái]【명】계산대.
小样 [xiǎoyàng]【명】모형. 견본.	选购 [xuǎngòu]【동】골라서 사다. 선택하여 사다.
家电 [jiādiàn]【명】가전. 가정용 전기제품.	免费 [miǎnfèi]【동】돈을 받지 않다. 무료로 하다. 돈 낼 필요가 없다.
打算 [dǎsuan]【동】…할 생각이다. …하려고 하다. 계획(고려)하다.	交费 [jiāofèi]【동】비용을 지불하다. 회비를 납부하다.
购置 [gòuzhì]【동】(장기간 사용할 것을) 사들이다.	上海大悦城 [Shànghǎidàyuèchéng]【고유】상하이 쇼핑몰.
众所周知 [zhòngsuǒzhōuzhī]【성어】모든 사람이 다 알고 있다.	电器商城 [diànqì Shāngchéng]【고유】가전 제품 쇼핑몰.
国产 [guóchǎn]【형/명】국산의. 본국이 생산한. 국산.	海尔 [hǎi'ěr]【고유】하이얼(Haier) 그룹.

회화 1. 在上海购物中心 상해 쇼핑몰에서 Track 8

(在化妆品柜台前)

售货员：请问，需要我什么帮助吗?
shòuhuòyuán：qǐngwèn, xūyào wǒ shénme bāngzhù ma?

小华：我的基础护肤品用完了，准备再买一套。
xiǎohuá：wǒ de jīchǔ hùfūpǐn yòng wán le, zhǔnbèi zài mǎi yí tào.

售货员：您以前用过这个品牌的化妆品吗?
shòuhuòyuán：nín yǐqián yòngguo zhè ge pǐnpái de huàzhuāngpǐn ma?

小华：没有，我朋友 向我 推荐了这个品牌。
xiǎohuá：méi yǒu, wǒ péngyou xiàng wǒ tuījiàn le zhè ge pǐnpái.

售货员：那知道自己的肤质是什么吗？是干性的，还是油性的？
shòuhuòyuán：nà zhīdào zìjǐ de fūzhì shì shénme ma? shì gānxìng de, háishi yóuxìng de?

小华：干性的。
xiǎohuá：gān xìng de.

售货员：那我想向您推荐这款新品。
shòuhuòyuán：nà wǒ xiǎng xiàng nín tuījiàn zhè kuǎn xīnpǐn.

它可以一天24小时让您的肌肤保持滋润。
tā kěyǐ yìtiān èrshísì xiǎoshí ràng nín de jīfū bǎochí zīrùn.

非常受干性肤质人群的欢迎。你需要试一试吗?
fēicháng shòu gānxìng fūzhì rénqún de huānyíng. nǐ xūyào shì yí shì ma?

(试过以后)

小华：嗯，感觉不错。我就买这款了。
xiǎohuá：èng, gǎnjué búcuò. wǒ jiù mǎi zhè kuǎn le.

售货员：在国庆节期间，如果买这款新品的话，我们会赠送五种小样儿。
shòuhuòyuán：zài guóqìngjié qījiān, rúguǒ mǎi zhè kuǎn xīnpǐn dehuà, wǒmen huì zèngsòng wǔ zhǒng xiǎoyàr.

회화 2. 在电器商城 가전 제품 쇼핑몰 Track 9

售货员：两位打算买什么家电?
shòuhuòyuán：liǎng wèi dǎsuàn mǎi shénme jiādiàn?

东勋：我们要结婚了，正打算购置冰箱。
dōngxūn：wǒmen yào jiéhūn le, zhèng dǎsuàn gòuzhì bīngxiāng.

售货员：众所周知，海尔是我国最大的国产电器品牌，信誉好，
shòuhuòyuán：zhòngsuǒzhōuzhī, hǎiěr shì wǒ guó zuì dà de guóchǎn diànqì pǐnpái, xìnyù hǎo,

售后服务更是没得说。
shòuhòu fúwù gèngshì méidéshuō.

小华：我们正是因为这样才计划买海尔的电器。
xiǎohuá：wǒmen zhèngshì yīnwéi zhèyang cái jìhuà mǎi hǎi'ěr de diànqì.

售货员：两位来得正是时候，我们恰逢开业20周年纪念，正在举办
shòuhuòyuán：liǎngwèi lái dé zhèngshì shíhòu, wǒmen qiàféng kāiyè èrshí zhōunián jìniàn, zhèngzài jǔbàn

酬宾大促销活动。买200返20。
chóubīn dà cùxiāo huódòng. mǎi èrbǎi fǎn èrshí.

东勋：是吗？我们运气真是太好了！简直太划算了！
dōngxūn：shì ma? wǒmen yùnqì zhēn shì tài hǎo le! jiǎnzhí tài huásuàn le!

我们就在这里买吧。
wǒmen jiù zài zhèli mǎi ba.

小华：我想买14年新款冰箱，银灰色花纹的这个。
xiǎohuá：wǒ xiǎng mǎi shísì nián xīnkuǎn bīngxiāng, yínhuīsè huāwén de zhè ge.

售货员：您真有眼光！这款冰箱在今年是最畅销的了。
shòuhuòyuán：nín zhēn yǒu yǎnguāng! zhè kuǎn bīngxiāng zài jīnnián shì zuì chàngxiāo de le.

小华：价格是4,000，我们可以拿到400的现金券，
xiǎohuá：jiàgé shì sì qiān, wǒmen kěyǐ ná dào sì bǎi de xiànjīn quàn,

那我们正好拿现金券免费买一个微波炉。在哪里交费？
nà wǒmen zhènghǎo ná xiànjīnquàn miǎnfèi mǎi yí ge wēibōlú。zài nǎlǐ jiāofèi?

售货员：那边的收银台。非常感谢选购我们的商品。
shòuhuòyuán：nàbiān de shōuyíntái. fēicháng gǎnxiè xuǎngòu wǒmen de shāng pǐn.

希望下次再来！
xīwàng xiàcì zài lái!

Tip: 买200返20

중국에서 판매 촉진 수단으로 사용하는 것.
산 금액에서 일정 부분에 상응하는 현금 쿠폰을 준다.

Pattern으로 익히는 문법과 어휘

1. 동태조사 '了'

我朋友向我推荐了这个品牌。
wǒ péngyou xiàng wǒ tuījiàn le zhè ge pǐnpái.
제 친구가 저에게 이 브랜드를 추천해 주었습니다.

동태조사 '了'는 동사 뒤에서 동작이 완료되었음을 나타내며, 과거 뿐 아니라, 현재나 미래의 가정에도 쓰인다.

형태는 '동사+了'이고, 술어 동사 뒤에 결과보어나 방향보어가 있는 경우 조사 '了'는 보어 뒤에 사용한다. 연동문의 경우 조사 '了' 두 번째 동사 뒤에 쓴다. 부정형일 때는 동사 앞에 '没'을 사용하고, '了'를 사용하지 않는다. 의문형은 정반형, '~了没有', '~了吗'의 형태이다.

(1) 他告诉了我这个消息。

(2) 我没去学校。

(3) 你吃了没有?

동태조사 '了'의 특징은 첫째, 목적어 앞에 수량사나 기타 한정어가 있어야 한다. 둘째, 수량사나 기타 한정어가 없이 '술어(동사)+了+목적어' 형태일 경우 반드시 뒤에 '就'가 쓰인 동사가 있는 문장이 있으면 된다.

(4) 我吃了饭就去。

(5) 听说你有急事, 我下了班就来了。

다음과 같은 경우는 쓰지 않는다. 동작의 완성을 강조하지 않고 객관적으로 과거에 있었던 일을 서술하는 경우, 규칙적, 습관적으로 늘 일어나는 동작의 경우이다.

(6) 我每天运动了。(X) → 我每天运动。

(7) 我去年每天晚上九点睡觉了。(X) → 我去年每天晚上九点睡觉。

2. 결과보어

我的基础护肤品用完了，准备再买一套。
wǒ de jīchǔ hùfūpǐn yòng wán le, zhǔnbèi zài mǎi yí tào.

기초 화장품을 다 써서 다시 한 세트 사려고 합니다.

결과보어는 동작의 진행결과가 어떠한지를 보충 설명하는 성분으로 '동사+보어(동사/형용사)'의 형태로 쓰인다. 문장의 특징은 첫째, 동사와 결과보어 사이에 다른 성분이 오지 않는다. 둘째, 부정할 때에는 동사 앞에'没(有)'를 쓴다.

(1) 妈妈给的零花钱全都花光了。

(2) 我作业还没写完。

결과보어로 사용되는 동사 '完'은 어떤 결과가 다 끝나다는 의미를 나타낼 때, '到'는 어떤 목적이나 목적지에 이르렀거나, 결과를 얻음을 나타내거나 특정한 시점까지 동작이 이어짐을 나타낼 때 쓴다. 결과보어 중 대표적 형용사로는 '好'가 있는데 '好'는 동작의 완료, 목적을 달성하여 바라던 결과를 얻었음을 나타낸다.

(3) 我吃完饭就去图书馆学习。

(4) 你找到电脑了吗？

(5) 我终于准备好了所有的材料。

3. 상황의 변화: '要～了'

我们要结婚了，正打算购置冰箱。
wǒmen yào jiéhūn le, zhèng dǎsuan gòuzhì bīngxiāng.

우린 곧 결혼하는데 냉장고를 구입하려고 합니다.

'要～了'는 '곧 ～되려고 하다.', '곧 ～하려고 하다.'의 사용하여 어떠한 상황이 변화하거나 곧 발생하는 것을 표현할 수 있다.

(1) 我要去中国留学了。

'要' 앞에 '快'나 '就'를 사용하면 시간의 촉박함을 나타낼 수 있는데, 상황이 곧 발생함을 나타낼 때 '快要/就要+동사/형용사/명사+了'의 형태로 쓴다. 둘 다 시간의 촉박함을 나타내지만 '快要~了' 앞에는 시간 명사를 쓰지 않고 '就要~了'는 쓸 수 있다.

(2) 孩子快要出生了。

(3) 下周就要开学了。

4. 강조 용법: '正是~才'

我们正是因为这样才计划买海尔的电器。
wǒmen zhèng shì yīnwéi zhèyang cái jìhuá mǎi hǎiěr de diànqì.
우리들은 마침 이런 이유로 하이얼 전기 제품을 사려고 한다.

'正是~才'는 '바로 ~라서', '마침 ~라'는 의미로 '正是' 뒤에 있는 문장이 '才' 뒤에 있는 문장에서 그렇게 하는 이유를 강조해 주는 역할을 한다.

(1) 我正是因为喜欢中国才学习汉语的。

(2) 正是因为便宜才全部买下来的。

응용해 봅시다

1. 아래 문장에 알맞은 단어를 제시된 단어에서 찾아 쓰세요.

好　　到　　完　　要～了　　正是～才

(1) 今天我请客，希望大家多吃并吃__________。

(2) 现在是晚上十一点，我们店__________打烊__________。

(3) 在这件事上，__________因为小李__________得以妥善解决。

(4) 刚才我已经联系__________王老师了，他说会立刻赶来。

(5) 如果每天熬夜的话，毕业论文下星期三之前就可以写__________。

2. 아래의 단어를 문법에 맞게 배열하고 해석하세요.

(1) 了　最　这　今年　的　款　在　是　畅销　冰箱　。

→

(2) 完　基础　的　护肤品　用　了　我　。

→

(3) 人群　受　非常　干性　欢迎　肤质　的　。

→

(4) 纪念　20周年　我们　开业　恰逢　。

→

3. 다음 한국어를 중국어로 바꾸어 보세요.

(1) 기초화장품을 다 사용해서, 한 세트 다시 사려고 하는데요.

→

(2) 이전에 저희 브랜드의 화장품을 사용하셨나요?

→

(3) 제 친구가 제게 이 브랜드를 추천해 줬어요.

→

(4) 저흰 곧 결혼할 거라, 냉장고를 사려고 해요.

→

(5) 이 냉장고는 금년에 가장 인기 있는 것입니다.

→

4. 다음 제시된 어휘를 사용하여 대화를 만들어 보세요.

免费，打算，推荐，选购，划算，畅销，品牌

5. 다음 글을 읽고 100자로 요약해 보세요.

今年春节期间，中国游客的巨大消费能力，着实没有让翘首以待的各国商家失望。日本买电器，韩国买化妆品，欧洲扫奢侈品……钱包鼓鼓的中国人，给仍处于寒冬中的各国经济带来了一股春节暖流。国人有钱出国购物，当然应该为此自豪，这是中国人富起来的最直接体现。但值得注意的是，在中国人海外“买买买”的同时，同期国内消费的热度却并无国外那么高。是什么样的产品，把这些有强大购买力的中国消费者吸引到国外去了？

从历史上说，中国产品并不乏吸引力，并在很长的一段时间里以生产丝绸、陶瓷、茶叶等“奢饰品”闻名。这些“中国造”不仅品质好、做工细致、使用舒适，更重要的是凝成了品味独特的“中国精气神”，被各国消费者当做身份的象征。这些产品，更成为当时中国在世界贸易格局中的立身之本。

而到近现代，占据中国市场的外国产品同样与“国家品位”密切相关，无论是瑞士手表、法国香水，还是德国汽车。也就是说，如今，正是中国造“国家品位”不足，造成了高档名牌消费品的缺位，让当前最具消费能力的中国阶层流向国外。

因此，春节消费海外热的第一个隐忧，即在于中国制造“品位”的提升没有跟上国内需求。笔者认为，要改变这种局面，需要将中国的文化创新、产业创新与现代市场需求结合起来，进行一场深层次的综合“革命”，以此做出真正体现“品味”的中国制造。

주제별 어휘: 쇼핑

营业	停业	逛商店	橱窗
yíngyè	tíngyè	guàngshāngdiàn	chúchuāng
영업	폐점	아이쇼핑하다.	쇼윈도
老顾客	讨价还价	挑选	试衣间
lǎogùkè	tǎojiàhuánjià	tiāoxuǎn	shìyījiān
단골손님	흥정하다.	물건을 고르다.	피팅룸
购物袋	优惠价格	换季降价	处理商品
gòuwùdài	yōuhuìjiàgé	huànjìjiàngjià	chùlǐshāngpǐn
쇼핑백	특별 할인가	시즌세일	세일상품
大减价	大甩卖	价廉物美	热门商品
dàjiǎnjià	dàshuǎimài	jiàliánwùměi	rèménshāngpǐn
바겐세일	땡처리	값도 싸고 질도 좋다.	인기상품
售后服务	维修期	交换	退货
shòuhòufúwù	wéixiūqī	jiāohuàn	tuìhuò
애프터 서비스	품질보증기간	교환	반품

第4课

在健身中心

스포츠센터에서

회화 내용

1. 스포츠센터에 관련 프로그램 문의하기.
2. 레벨에 대해 묻기.
3. 스포츠센터 회원 등록하기.

어법&어휘

1. 조동사: '会'
2. 겸어문
3. 선후관계: '首先~然后'
4. 전환관계: '虽然~但是'
5. 선택관계: '或者'
6. 전치사구 보어

새 단어

Track 10

健身中心 [jiànshēnzhōngxīn] 【명】 헬스 클럽. 헬스장.	首先～然后 [shǒuxiān～ránhòu] 【접】 먼저…하고, 그리고 …하다.
前台 [qiántái] 【명】 데스크.	填 [tián] 【동】 기입하다. 써 넣다.
咨询 [zīxún] 【동】 의논하다. 의견을 구하다.	充值 [chōngzhí] 【동】 (인터넷 계정이나 신용카드 등에 돈을) 넣다. 충전시키다. * 充值费 [chōngzhífèi] 보증금.
尽管 [jǐnguǎn] 【부】 얼마든지. 마음대로.	采用 [cǎiyòng] 【동】 채용하다. 채택되다. 적합한 것을 골라 쓰다.
满足 [mǎnzú] 【동】 만족하다. 만족 시키다.	形式 [xíngshì] 【명】 형식. 형태.
虽然～但是 [suīrán～dànshì] 【접】 비록 …하지만 [일지라도]. 설령 …일지라도.	教练 [jiàoliàn] 【명/동】 감독. 코치. 훈련시키다. 코치하다.
减肥 [jiǎnféi] 【동】 살을 빼다. 감량하다. 체중을 줄이다.	学会 [xuéhuì] 【동】 습득하다. 배워서 알다/할 수 있게 되다.
效果 [xiàoguǒ] 【명】 효과.	按照 [ànzhào] 【개】 …에 의해. …에 따라.
明显 [míngxiǎn] 【형】 뚜렷하다. 분명하다. 확연히 드러나다.	课程 [kèchéng] 【명】 교육 과정. 교과목.
瑜伽 [yújiā] 【명】 요가.	安排 [ānpái] 【동】 (인원·시간 등을) 안배하다. 준비하다.
优惠 [yōuhuì] 【형】 특혜의. 우대의.	报 [bào] 【동】 (서면으로 자세히) 보고하다. 제안하다. 제출하다.
会员卡 [huìyuánkǎ] 【명】 멤버십 카드.	名额 [míng'é] 【명】 정원. 인원 수.
办理 [bànlǐ] 【동】 처리하다. (수속을) 밟다.	拜托 [bàituō] 【동】 (삼가) 부탁드립니다.

회화 1. 在健身俱乐部 스포츠센터에서 Track 11

前台：欢迎光临！欢迎您来到我们H2健身中心。
qiántái：huānyíng guānglín! huānyíng nín lái dào wǒmen H èr jiànshēn zhōngxīn.

小华：你好！我是来咨询的。
xiǎohuá：nǐ hǎo! wǒ shì lái zīxún de.

前台：有什么尽管问，我会努力满足您的要求。
qiántái：yǒu shénme jǐnguǎn wèn, wǒ huì nǔlì mǎnzú nín de yàoqiú.

小华：虽然我最近在减肥，但是效果不太明显。
xiǎohuá：suīrán wǒ zuìjìn zài jiǎnféi, dànshì xiàoguǒ bú tài míngxiǎn.

您能推荐给我对减肥有帮助的健身运动吗？
nín néng tuījiàn gěi wǒ duì jiǎnféi yǒu bāngzhù de jiànshēn yùndòng ma?

前台：瑜伽或者游泳都对减肥有很大的帮助。
qiántái：yújiā huòzhě yóuyǒng dōu duì jiǎnféi yǒu hěn dà de bāngzhù.

小华：真的吗？如果我同时报游泳班和瑜伽班的话，会有什么优惠吗？
xiǎohuá：zhēnde ma? rúguǒ wǒ tóngshí bào yóuyǒng bān hé yújiā bān dehuà, huì yǒu shénme yōuhuì ma?

前台：我建议您办一张我们健身中心的会员卡，会有10%的优惠。
qiántái：wǒ jiànyì nín bàn yì zhāng wǒmen jiànshēn zhōngxīn de huìyuánkǎ, huì yǒu bǎifēnzhī shí de yōuhuì.

小华：办理会员卡的具体方法是什么？
xiǎohuá：bànlǐ huìyuánkǎ de jùtǐ fāngfǎ shì shénme?

前台：首先填写这张会员登记表，然后交100元的充值费就可以了。
qiántái：shǒuxiān tiánxiě zhè zhāng huìyuán dēngjìbiǎo, ránhòu jiāo yì bǎi yuán de chōngzhífèi jiù kěyǐ le.

我们的会员卡都是采用充值的形式。
wǒmen de huìyuánkǎ dōu shì cǎiyòng chōngzhí de xíngshì.

小华：好，我会考虑一下儿的，你能不能先介绍教练给我认识？
xiǎohuá：hǎo, wǒ huì kǎolǜ yíxiàr de, nǐ néng bu néng xiān jièshào jiàoliàn gěi wǒ rènshi?

前台：当然可以了。请稍等。
qiántái：dāngrán kěyǐ le. qǐng shāoděng.

회화 2. 与教练见面 트레이너와의 만남 Track 12

游泳教练：你好，我是这里的游泳教练，叫王强。
yóuyǒng jiàolián：nǐ hǎo, wǒ shì zhèli de yóuyǒng jiàolián, jiào wáng qiáng.

瑜伽教练：我是这里的瑜伽教练，叫李丽。
yújiā jiàolián：wǒ shì zhèli de yújiā jiàolián, jiào lǐli.

欢迎你来我们的健身中心。
huānyíng nǐ lái wǒmen de jiànshēn zhōngxīn.

小华：我不会游泳，完全是新手。我能用多长时间学会？
xiǎohuá：wǒ búhuì yóuyǒng, wánquán shì xīnshǒu. wǒ néng yòng duōcháng shíjiān xuéhuì？

游泳教练：如果按照我们初级班的课程安排，也就是每星期来三次
yóuyǒng jiàolián：rúguǒ ànzhào wǒmen chūjí bān de kèchéng ānpái, yě jiùshì měi xīngqī lái sān cì

的话，一般两个月左右就够了。
dehuà, yìbān liǎng ge yuè zuǒyòu jiù gòu le.

小华：我明白了，游泳教练。对了，瑜伽教练，虽然我以前学过
xiǎohuá：wǒ míngbai le, yóuyǒng jiāolián. duì le, yúgjiā jiāolián, suīrán wǒ yǐqián xuéguo

半年的瑜伽，但是还不太熟练。我可以上哪个班?
bànnián de yújiā, dànshì hái bútài shúliàn. wǒ kěyǐ shàng nǎ ge bān?

瑜伽教练：我们有三个中级班，你报中级一班就可以了。
yújiā jiàolián：wǒmen yǒu sān ge zhōngjí bān, nǐ bào zhōngjí yī bān jiù kěyǐ le.

小华：我想要学早上7点到8点的课，不知还有没有名额。
xiǎohuá：wǒ xiǎngyào xué zǎoshàng qī diǎn dào bā diǎn de kè, bùzhī hái yǒu méi yǒu míng'é.

瑜伽教练：在这个时间段，只有一、三、五的课还有名额。
yújiā jiàolián：zài zhè ge shíjiān duàn, zhǐyǒu yī、sān、wǔ de kè hái yǒu míng'é.

小华：好，那以后就拜托两位老师了。
xiǎohuá：hǎo, nà yǐhòu jiù bàituō liǎng wèi lǎoshī le.

游泳教练，瑜伽教练：这是我们应该做的。
yóuyǒng jiàolián, yújiā jiàolián：zhè shì wǒmen yīnggāi zuò de.

小华：谢谢。两位老师下星期见。
xiǎohuá：xièxie. liǎng wèi lǎoshī xià xīngqī jiàn.

Pattern으로 익히는 문법과 어휘

1. 조동사 '会'

如果我同时报游泳班和瑜伽班的话，会有什么优惠吗？(실현)
rúguǒ wǒ tóngshí bào yóuyǒngbān hé yújiābān dehuà, huì yǒu shénme yōuhuì ma?
만약 수영반과 요가반을 동시에 신청한다면, 어떤 우대혜택이 있나요?

我不会游泳，完全是新手。(능력)
wǒ bú huì yóuyǒng, wánquán shì xīnshǒu.
전 수영할 줄 모릅니다. 완전 초보입니다.

조동사 '会'는 '~할 수 있다.(능력)', '~할 것이다.(실현)', '~할 것 이다.(미래에 대한 가능성의 추측)'의 의미로 사용된다.

(1) 我会滑雪，你呢？
(2) 我会在明年暑假去纽约旅游。
(3) 中国会在不久的将来成为第一经济大国。

제1과에서 배운 '能(~할 수 있다/능력)'과 '会~(할 수 있다./능력)'은 한국어에서는 같지만 중국어에서는 약간 다르게 사용된다. '能'은 주로 타고난 능력, '会'는 배워서 할 수 있을 때 사용하며, 배워서 하게 되어 어느 실력까지 올랐다고 할 때는 '能'이라는 조동사를 써서 표현한다.

(4) 我会滑雪。
(5) 我会滑雪，能滑一百米。

2. 겸어문

我建议您办一张我们健身中心的会员卡。
wǒ jiànyì nín bàn yì zhāng wǒmen jiànshēn zhōngxīn de huìyuánkǎ.
전 당신께 우리 스포츠센터의 회원카드를 만드시길 권해드립니다.

앞 동사의 목적어가 동시에 뒷 동사나 형용사의 주어를 겸하고 있으면, 그 성분을 겸어라고 하고, 이러한 문장을 겸어문이라고 한다. 기본형은 '주어+술어(동사)+목적어/주어+술어(동사)'이며, 부정형을 나타내는 부사는 첫 번째 술어 앞에 쓴다. 겸어문의 첫 번째 동사는 주로 사역동사들인 '请', '让', '使', '叫'나 심리활동 동사를 쓴다. 그리고 첫 번째 동사 뒤에는 동태조사 '了', '着', '过'를 쓸 수 없으며, 첫 번째 술어로 쓰인 동사는 중첩할 수 없다.

(1) 他要求我在一个月内学会游泳。
(2) 妈妈让我在10点之前回家。

3. 전치사구 보어

您能推荐给我可以促进减肥的健身运动吗?
nín néng tuījiàn gěi wǒ kěyǐ cùjìn jiǎnféi de jiànshēn yùndòng ma?
당신은 저에게 다이어트에 도움이 되는 운동을 추천해 주실 수 있나요?

전치사구 보어는 전치사구가 술어 뒤에 놓여 술어의 대상, 시간, 장소, 출처, 방향, 비교, 원인 등을 보충하는 보어의 역할을 하는 것을 말한다. 이때 사용되는 전치사에는 '给', '在', '向', '到', '往', '自', '于' 등이 있다. 전치사구 보어의 형태는 '술어+전치사구+목적어'이며, 의문문은 문장 끝에 '吗'나 '了没有'를 쓰면 된다. 전치사구 보어의 부정형식에서는 술어 앞에 부정부사 '没'를 쓰고, 문장 끝에 '了'는 쓰지 않는다.

(1) 这辆列车驶向釜山。
(2) 我没卖给他假货。
(3) 我是来自于天津了吗?

4. 선후관계 '首先~然后'

首先填写这张会员登记表, **然后**交100元的充值费就可以了。
shǒuxiān tián xiě zhè zhāng huìyuán dēngjìbiǎo, ránhòu jiāo yìbǎi yuán de chōngzhífèi jiù kěyǐ le.

우선 이 회원카드에 기입한 후에 100원의 카드보증금을 주시면 됩니다.

'首先~然后'는 두 가지 일의 순서를 나타낼 때 쓰며, '우선 ~하고 그런 다음에 ~하다.'의 의미이다. 앞 절은 먼저 일어난 일이나 동작, 뒷 절은 뒤에 일어난 일이나 동작을 나타낸다. 앞 절과 뒷 절의 주어가 다를 경우 '然后'는 주어 앞에 온다.

(1) **首先**到达法国, **然后**出发去意大利。

(2) 在去办手续时, **首先**要本人去申请, **然后**代理人去执行。

'首先'을 '先'으로 바꾸어도 의미에는 큰 차이가 없지만 '首先'은 접속사로 문장의 앞에 오고, '先'은 부사로 술어 동사 앞에 온다.

(3) 小王打算**先**去食堂吃晚饭, **然后**去宿舍看电视。

5. 전환관계 '虽然~但是'

虽然我最近在减肥, **但是**效果不太明显。
suīrán wǒ zuìjìn zài jiǎnféi, dànshì xiàoguǒ bú tài míngxiǎn.

전 요즘 다이어트하고 있긴 한데, 효과가 눈에 띄게 나타나는 것 같지 않아요.

'虽然~但是'는 '비록 ~하지만, 그러나~'의 의미로 전환관계를 나타낼 때 쓴다. 주로 어떤 일이나 상황이 예측 혹은 상식과 상반됨을 강조하여 쓴다. '虽然'은 주어의 앞뒤에 올 수 있지만, '但是'는 항상 두 번째 문장의 처음에 온다. '虽然~不过'로 쓰이기도 한다.

(1) **虽然**他从来没去过中国, **但是**他的汉语说得非常好。

(2) **虽然**那里的环境很恶劣, **不过**还是有很多人踊跃报名。

6. 선택관계 '或者'

瑜伽**或者**游泳都对减肥有很大的帮助。
yújiā huòzhě yóuyǒng dōu duì jiǎnféi yǒu hěn dà de bāngzhù.

요가나 수영 모두 다이어트 하는데 큰 도움을 줍니다.

두 개 혹은 그 이상의 절이나 구를 나열하여 몇 가지 사항을 언급하고 그 중 한 가지 사항을 선택하는 것이 선택 관계를 나타내는 문장이다. 접속사 '或者'도 이러한 문장에서 사용되는데 일반적으로 평서문에서는 '或者'를 의문문에서는 '还是'를 쓴다.

(1) 我哥哥可能明天**或者**后天从美国回来。

(2) 你想吃中餐**还是**西餐?

응용해 봅시다

1. 제시된 단어를 활용하여 아래 문장을 완성해 보세요.

1) '虽然~但是', '首先~然后'

(1) ________这个餐厅的菜很贵，________仍然有很多人慕名而来。

(2) 在做大扫除的时候，________用扫帚扫地，________再用拖把擦地。

(3) 我的妹妹________长得十分漂亮，________学习成绩一直不好。

(4) 想去国外旅行，________去申请护照，________再去大使馆办理签证。

2) '或者', '还是'

(1) 我今年暑假有可能去美国________加拿大。

(2) 你平时喜欢喝拿铁________摩卡？

(3) 你弟弟的学习成绩好________妹妹的学习成绩好？

(4) 我________你，都有可能成为第一名。

3) 아래 문장에 알맞은 단어를 보기에서 찾아 쓰세요.

完　　会　　往　　于　　在

(1) 这是飞________法国巴黎的航班。

(2) 据说他写这篇小说的灵感是来自________他的红颜知己。

(3) 如果每天熬夜的话，毕业论文下星期三之前就可以写________。

(4) 没想到你的韩语那么好，我还以为你不________韩语呢。

(5) 我是________ 三天内完成这份工作。

2. 아래의 단어를 문법에 맞게 배열하고 해석하세요.

(1) 两个月　了　一般　就　左右　够　。

→

(2) 要求　我　努力　您　满足　的　。

→

(3) 我　你　能不能　先　教练　认识　给　介绍　？

→

(4) 是　的　办理　具体　什么　会员卡　方法　。

→

3. 다음 한국어를 중국어로 바꾸어 보세요.

(1) 무엇이든 물어보세요. 제가 성심성의껏 답변해 드리겠습니다.

→

(2) 요가나 수영 모두 다이어트에 많은 도움을 줍니다.

→

(3) 우선 여기 회원 등록카드를 써 주시고, 100원의 카드비를 내시면 됩니다.

→

(4) 전 이전에 반년 동안 요가를 배웠지만 아직 잘 하진 못하는데요.

→

(5) 전 아침 7시에서 8시 수업을 듣고 싶은데, 자리가 있는지 모르겠네요.

→

4. 다음 제시된 어휘를 사용하여 대화를 만들어 보세요.

充值，健身中心，减肥，教练，会员卡，效果

5. 다음 글을 읽고 100자로 요약해 보세요.

度过了紧张的一天，你想消耗掉多余的能量吗？ 去体育馆做下练习或悠闲地散个30分钟的步会有助于你冷静下来。锻炼可以刺激多种大脑化学物质的产生，这些化学物质会让你感到比锻炼前要快乐得多也轻松得多。要是你定期地进行锻炼，你也会变得好看点，感觉也舒服点，定期锻炼可以增强你的自信心和自尊心。锻炼甚至会减少你身上的压力和焦虑的感觉。

想减掉多余的重量吗？那么就将那些用于睡觉的时间拿来散散步或做些其他身体运动吧。这并不是件简单的事。运动的时候会消耗掉一些热量。运动得越激烈，热量消耗得就越多，你也就越容易控制住体重。你甚至不必腾出大把时间来做运动。走楼梯，而不乘电梯。在午饭后休息的时候去散散步。做商业活动期间可以跳下爆竹。然而更棒的就是关掉电视，轻松地去散个步。专注地做下运动固然好，但是，做了这个运动后，接着做做那个运动，持续这样，一天下来也是可以消耗些热量的。

很难入睡？还是很死睡？锻炼也许能帮助促进你在白天进行的身体运动。
一次好的夜间睡眠会提高你的注意力，提升你的生产力以及改善你的心情。锻炼是好睡眠的关键。定期的锻炼可以帮助你更快地入睡，而且让你睡得更深。运动的时间就取决于你了，要是你睡眠质量不好，也许你就得在下午稍晚点的时候去做运动。运动后5到6个小时后，体温会自然地下降，这样会有助于入睡。

주제별 어휘: 건강 및 운동

身材	称体重	苗条	减肥
shēncái	chēngtǐzhòng	miáotiáo	jiǎnféi
몸매	몸무게를 재다.	날씬하다.	다이어트를 하다.
节食	**出汗**	**蛋白质饮料**	**会员卡**
jiéshí	chūhàn	dànbáizhì yǐnliào	huìyuánkǎ
식사를 줄이다.	땀을 흘리다.	단백질 음료	회원권
教练	**有氧健身操**	**锻炼**	**哑铃**
jiàoliàn	yǒuyǎngjiànshēn cāo	duànliàn	yǎlíng
트레이너	에어로빅	트레이닝	아령
半蹲式	**俯卧撑**	**仰卧起坐**	**跑步机**
bàndūnshì	fǔwòchēng	yǎngwòqǐzuò	pǎobùjī
스쿼트	팔굽혀 펴기	윗몸 일으키기	러닝머신

第5课

在机场

공항에서

회화 내용

1. 비행기표 예매하기.
2. 탑승 수속하기.
3. 수화물 부치기.

어법&어휘

1. 조건관계: ‘只要~就’
2. 조건관계: ‘只有~才’
3. 동태조사: ‘着’
4. ‘一下’의 다양한 용법

새 단어

Track 13

改签 [gǎiqiān] 【동】 (비행기표)변경하다.	愉快 [yúkuài] 【형】 기쁘다. 유쾌하다.
护照 [hùzhào] 【명】 여권.	登机 [dēngjī] 【동】 비행기에 탑승하다. * 登机牌 [dēngjīpái] 탑승권.
座位 [zuòwèi] 【명】 (공공장소의) 좌석.	手续 [shǒuxù] 【명】 수속. 절차.
办 [bàn] 【동】 처리하다. 취급하다.	靠 [kào] 【동】 기대다. (물건을) 기대어 두다.
国际漫游 [guójìmànyóu] 【명】 국제로밍 서비스.	走廊 [zǒuláng] 【명】 복도. 회랑.
联通业务厅 [liántōngyèwùtīng] 【명】 통신 서비스센터.	竖 [shù] 【형/동】 수직의. 세로의. 똑바로 세우다.
话费 [huàfèi] 【명】 전화비.	超重 [chāozhòng] 【동】 과적하다. 규정된 중량을 초과하다. * 超重费 [chāozhòngfèi] 초과 요금.
急事 [jíshì] 【명】 급히 처리해야 할 일.	限 [xiàn] 【명/동】 한도. 한계. 기한. 범위를 정하다. 제한하다.
开通 [kāitōng] 【동】 개통하다.	违禁品 [wéijìnpǐn] 【명】 금지품.
祝 [zhù] 【동】 기원하다. 축복(축하)하다.	超过 [chāoguò] 【동】 초과하다. 넘다.
旅途 [lǚtú] 【명】 여정. 여행 도중.	整理 [zhěnglǐ] 【동】 정리하다.

회화 1. 预订机票 비행기표 예약 Track 14

小华：您好，我想知道能不能改签出发时间?
xiǎohuá：nínhǎo, wǒ xiǎng zhīdào néng bù néng gǎiqiān chūfā shíjiān?

旅行社职员：请先出示您的机票与护照。
lǚxíngshè zhíyuán：qǐng xiān chūshì nínde jīpiào yǔ hùzhào.

打算改成什么时间？
dǎsuàn gǎi chéng shénme shíjiān?

小华：我想从两点改成六点出发。
xiǎohuá：wǒ xiǎng cóng liǎng diǎn gǎichéng liù diǎn chūfā.

旅行社职员：请稍等。让我查一下六点的飞机还有没有座位。
lǚxíngshè zhíyuán：qǐng shāoděng. ràng wǒ chá yíxià liù diǎn de fēijī hái yǒuméiyǒu zuòwèi.

还有座位，但是是靠走廊的，没关系吗?
hái yǒu zuòwèi, dànshi shì kào zǒuláng de, méi guānxi ma?

小华：好的，只要是六点的就行。
xiǎohuá：hǎode, zhǐyào shì liù diǎn de jiùxíng.

旅行社职员：还有什么其他的事情吗？
lǚxíngshè zhíyuán：háiyǒu shénme qítā de shìqing ma?

小华：我还想问一下在哪儿能办国际漫游？
xiǎohuá：wǒ hái xiǎng wèn yíxià zài nǎr néng bàn guójì mànyóu?

旅行社职员：只有去旁边的联通业务厅办理才可以。
lǚxíngshè zhíyuán：zhǐyǒu qù pángbiān de liántōng yèwùtīng bànlǐ cái kěyǐ.

祝您旅途愉快!
zhù nín lǚtú yúkuài!

회화 2. 登机手续 탑승 수속 Track 15

机场职员：您好，请出示您的机票和护照。
jīchǎng zhíyuán：nínhǎo, qǐng chūshì nínde jīpiào hé hùzhào.

小华：给您。我已经提前预定了座位。
xiǎohuá：gěi nín. wǒ yǐjīng tíqián yùdìng le zuòwèi.

机场职员：我帮您查一下，请稍等。
jīchǎng zhíyuán：wǒ bāng nín chá yíxià, qǐng shāo děng.

靠走廊的，是C15，对吗？
kào zǒuláng de, shì C shíwǔ, duì ma?

小华：对。
xiǎohuá：duì.

机场职员：有要托运的行李吗?
jīchǎng zhíyuán：yǒu yào tuōyùn de xíngli ma?

小华：有一件，但是比较大。
xiǎohuá：yǒu yíjiàn, dànshì bǐjiào dà.

机场职员：请把行李竖着放在这上面。您的行李超重7公斤。
jīchǎng zhíyuán：qǐng bǎ xínglǐ shùzhe fàng zài zhè shàngmiàn. nínde xíngli chāozhòng qī gōngjīn.

小华：那怎么办？ 要交超重费吗？
xiǎohuá：nà zěnme bàn? yào jiāo chāozhòngfèi ma?

机场职员：要交300人民币的超重费。
jīchǎng zhíyuán：yào jiāo sān bǎi rénmínbì de chāozhòngfèi.

小华：太贵了！那我可以先去整理一下再回来办手续吗？
xiǎohuá：tài guì le! nà wǒ kěyǐ xiān qù zhěnglǐ yíxià zài huílái bàn shǒuxù ma?

机场职员：可以，但是时间不多了，快去快回。
jīchǎng zhíyuán：kěyǐ, dànshì shíjiān bù duō le, kuài qù kuài huí.

Pattern으로 익히는 문법과 어휘

1. 조건관계 '只要~就~'

只要是6点的就行。
zhǐyào shì liù diǎn de jiù xíng.
6시 것이기만 하면 됩니다.

'只要A, 就B'는 'A하기만 하면 바로 B된다'는 의미로, A에 특정적 조건을 제시하기는 하지만 필수불가결한 것은 아니다. 만약 다른 조건이 제시되더라도 큰 어려움은 없을 것이라는 뉘앙스도 있다. 앞 절과 뒷 절에 주어가 동일하면 하나는 생략해도 되고, '只要'는 주어의 앞뒤 어디에 두어도 된다.

(1) 我有话要跟你说, 只要五分钟就行。
(2) 你的病不太重, 只要吃药就能好。

2. 조건관계 '只有~才~'

只有去旁边的联通业务厅办理才可以。
zhǐyǒu qù pángbiān de liántōng yèwù tīng bànlǐ cái kěyǐ.
옆에 통신서비스센터에 가셔서 처리하시면 됩니다.

'只有~才'는 유일한 조건하에서만 어떤 결과가 될 수 있다는 문장에서 사용하는 표현으로 '只有+조건, 才(能)+결과'의 형태로 쓴다.

(1) 只有刻苦学习, 才可以说一口流利的汉语。
(2) 只有你才真正理解我的苦心。

3. 동태조사 '着'

请把要托运的行李竖着放在这上面。
qǐng bǎ xínglǐ shù zhe fàng zài zhè shàngmiàn.
부치실 짐을 여기에 세워서 놓아 주세요.

동태조사 '着'는 동사나 형용사 뒤에 쓰여 동작이나 상태가 지속 중임을 나타낸다. 부정의 형식일 때는 '没+동사+着'로 쓰인다.

(1) 你看，外面正下着大雪呢。(동작의 지속)
(2) 饭菜还热着呢，快吃吧。(상태의 지속)

4. '一下'의 여러 가지 용법

那我可以先去整理一下再回来办手续吗？(좀~하다.)
nà wǒ kěyǐ xiān qù zhěnglǐ yíxià zài huílai bàn shǒuxù ma?
그럼 제가 우선 정리를 좀 하러 갔다가 다시 수속하러 와도 되겠습니까?

让我查一下6点的飞机还有没有座位。(한 번)
ràng wǒ chá yíxià liù diǎn de fēijī hái yǒu méi yǒu zuòwèi.
제가 6시 비행기에 아직 좌석이 있는지 한 번 찾아보겠습니다.

'一下'는 다양한 의미로 쓰이는데 주로 '잠시', '잠깐'의 뜻의 양사로 지속의 의미를 갖는 동사의 보어로 사용되어 '좀 …해 보다'라는 의미로 쓰인다. 또, '한 번', '1회'라는 의미의 동량사로 쓰이기도 하며, 부사로 '돌연'. '일시'라는 뜻으로 짧은 시간을 나타낼 때 쓰기도 한다.

(1) 请等我一下好吗？
(2) 让我再确认一下具体日程。
(3) 我想跟你商量一下产品销售的问题。

응용해 봅시다

1. 제시된 단어를 넣어 아래 문장을 보기와 같이 완성해 보세요.

1) '只要~就~', '只有~才~'

(1) 老师说__________进入前十名__________一定能考入名牌大学。

(2) __________得全班第一名，我__________带你去欧洲玩。

(3) 语言需要日积月累，________每天努力学习，________可以熟练掌握。

(4) __________有十足的信心和勇气__________能把这份工作做好。

2) 아래 문장에 알맞은 단어를 찾아 쓰세요.

着　　一下　　成

(1) 妹妹拿__________护照走在我们前面。

(2) 我把她认__________她的双胞胎妹妹了。

(3) 请帮我搬__________这个箱子可以吗？

(4) 我因为突然有急事，需要把机票改__________下周五。

2. 아래의 단어를 문법에 맞게 배열하고 해석하세요.

(1) 预定　提前　我　座位　已经　。

→

(2) 其他的　还　吗　什么　事情　有　？

→

(3) 竖　上面　请　行李　放　把　这　在　。

→

(4) 出发　知道　我　不能　时间　能　改签　想　？

→

3. 다음 한국어를 중국어로 바꾸어 보세요.

(1) 출발 시간을 변경할 수 있는지 알고 싶은데요?

→

(2) 6시 비행기에 아직 좌석이 있는지 확인해 보겠습니다.

→

(3) 6시면 됩니다.

→

(4) 옆에 통신 서비스 센터에 가시면 됩니다.

→

(5) 가방을 이 위에 바로 놓아주세요.

→

4. 다음 제시된 어휘를 사용하여 대화를 만들어 보세요.

手续，急事，超重，座位，整理，办

5. 다음 글을 읽고 100자로 요약해 보세요.

很久以来，我都在猜测：什么样的人会乘坐飞机的头等舱呢？企业领导，政府官员，影视明星……。每次乘坐航班都会在登机的时候看到那些头等舱的客人早早地登机，下飞机的时候已经是人去楼空了。在check－in的时候会有贵宾的通道，在安检的时候也不会排队，候机的时候还可以进“贵宾厅”。这些都是我们看到的头等舱贵宾享受到的服务。

去年和老婆一起度蜜月，用老婆的国航金卡来享受了一次“贵宾厅”的服务。在机场这样的环境下，在贵宾厅可以享受到免费的饮料和点心。因为机场的费用格外高，所以能够享受到免费的餐饮，会让人觉得格外有贵宾的待遇。虽然进过贵宾厅，可是却不知道真正的头等舱是怎样的一个状况。终于，这次公司的活动，因为没有打折的经济舱，而头等舱又在有活动，所以就购买了头等舱的机票。这次乘坐头等舱的幸福感不亚于第一次乘坐飞机的那种感受。

在期待中，这一天如期而至。为了充分享受这次特殊之旅，我决定提前到机场候机。在check－in之后，工作人员提醒我去贵宾台领取贵宾休息室的单据。并且我还可以带一位同一航班的朋友一起进贵宾厅。虹桥机场的V5贵宾厅规模很大，左边是足疗椅，右边是休息区，在中间还有食品区。食品会有各种饮料、水果和餐点。可是肚子很不争气的是，因为前一天玩的太疯了，结果拉肚子，所以进了贵宾厅，但是几乎什么也没得吃。看到那边的面买条还不错，面前的吃了一点。在这里休息的人似乎有一种与生俱来的优越感。不知道原因，可能是因为自我感觉与众不同的缘故吧。从贵宾室出来，我没有忘记随手带些小吃，因为回去还给老婆显摆，显摆。到这个时候，似乎我的头等舱之旅看起来是很顺利的。

주제별 어휘: 공항과 비행기

经济舱	**商务舱**	**起飞**	**着陆**
jīngjìcāng	shāngwùcāng	qǐfēi	zhuólù
이코노미 클레스	비즈니스 클레스	이륙하다.	착륙하다.
停航	**误点**	**误机**	**换乘**
tíngháng	wùdiǎn	wùjī	huànchéng
결항하다.	연착하다.	비행기를 놓치다.	갈아타다.
登机手续	**海关手续**	**出国手续**	**特价机票**
dēngjīshǒuxù	hǎiguānshǒuxù	chūguóshǒuxù	tèjiàjīpiào
탑승수속	세관수속	출국수속	할인항공권
开放机票	**定期机票**	**搭乘口**	**行李领取处**
kāifàngjīpiào	dìngqījīpiào	dāchéngkǒu	xínglǐlǐngqǔchù
오픈티켓	픽스티켓	탑승구	수하물 찾는 곳
安全带	**氧气面罩**	**救生衣**	**安全出口**
ānquándài	yǎngqìmiànzhào	jiùshēngyī	ānquánchūkǒu
안전벨트	산소마스크	구명조끼	비상구
机内服务	**机内餐**	**手推车**	**机场巴士**
jīnèifúwù	jīnèicān	shǒutuīchē	jīchǎngbāshì
기내서비스	기내식	카트	리무진 버스

第6课

在酒店

호텔에서

회화 내용

1. 예약한 방에 대해 체크인하기.
2. 체크아웃하기.
3. 영수증 내용에 대해 문의하기.

문법&어휘

1. '多'가 들어가는 의문사
2. 시량보어
3. 병렬관계: '并'
4. 점층관계: 又~也
5. 연동문

새 단어

Track 16

开房 [kāifáng]【동】방을 잡다.	国际电话 [guójìdiànhuà]【명】국제전화.
单人间 [dānrénjiān]【명】1인실.	并 [bìng]【접】그리고. 또. 아울러.
住 [zhù]【동】숙박하다. 묵다.	使用 [shǐyòng]【동】사용하다. 쓰다.
登记卡 [dēngjìkǎ]【명】등록카드. 신고서.	因特网 [yīntèwǎng]【명】인터넷.
身份证 [shēnfènzhèng]【명】신분증.	国际长途 [guójìchángtú]【명】국제전화.
押金 [yājīn]【명】보증금. 담보금.	携带 [xiédài]【동】휴대하다. 지니다.
房卡 [fángkǎ]【명】카드키.	物品 [wùpǐn]【명】물품.
市中心 [shìzhōngxīn]【명】시내.	遗失 [yíshī]【동】분실하다. 잃어버리다.
任何 [rènhé]【대】어떠한. 무슨.	价钱 [jiàqián]【명】값. 가격.
客房服务 [kèfángfúwù]【명】룸서비스.	合理 [hélǐ]【형】합리적이다.
退房 [tuìfáng]【동】체크아웃하다.	满意[mǎnyì]【형】만족하다. 흡족하다.

회화 1. 开房手续 체크인 Track 17

酒店员工：欢迎光临YJ酒店！请问需要我们做些什么？
jiǔdiàn yuángōng：huānyíng guānglín YJ jiǔdiàn! qǐngwèn xūyào wǒmen zuò xiē shénme?

东勋：我打电话预订了一个房间。
dōngxūn：wǒ dǎ diànhuà yùdìng le yíge fángjiān.

酒店员工：好，我查一下。请告诉我您的姓名。
jiǔdiàn yuángōng：hǎo, wǒ chá yíxià. qǐng gàosù wǒ nín de xìngmíng.

东勋：我叫赵东勋。
dōngxūn：wǒ jiào zhàodōngxūn.

酒店员工：赵东勋先生，一个单人间，对吗？
jiǔdiàn yuángōng：zhàodōngxūn xiānsheng, yí ge dānrénjiān, duì ma?

东勋：对，需要在这里住三天。
dōngxūn：duì, xūyào zài zhèli zhù sān tiān.

酒店员工：请填这张住房登记卡，并出示您的身份证。
jiǔdiàn yuángōng：qǐng tián zhè zhāng zhùfángdēngjìkǎ, bìng chūshì nín de shēnfènzhèng.

东勋：护照可以吗？
dōngxūn：hùzhào kěyǐ ma?

酒店员工：当然可以。还有您需要交800元的押金。
jiǔdiàn yuángōng：dāngrán kěyǐ. háiyǒu nín xūyào jiāo bābǎiyuán de yājīn.

东勋：给您。
dōngxūn：gěi nín.

酒店员工：手续都办好了。这是您的房卡，请拿好。
jiǔdiàn yuángōng：shǒuxù dōu bàn hǎo le. zhè shì nín de fángkǎ, qǐng ná hǎo.

东勋：我明天想逛逛，这儿离市中心有多远？
dōngxūn：wǒ míngtiān xiǎng guàngguàng, zhèr lí shìzhōngxīn yǒu duōyuǎn?

酒店员工：这儿离市中心很近，坐十分钟的车就能到。
jiǔdiàn yuángōng：zhèr lí shì zhōngxīn hěn jìn, zuò shí fènzhōng de chē jiù néng dào.

东勋：谢谢。
dōngxūn：xièxie.

酒店员工：还有您在居住期间有任何问题的话，
jiǔdiàn yuángōng：háiyǒu nín zài jūzhù qījiān yǒu rènhé wèntí dehuà,

请打客房服务电话1000。
qǐng dǎ kèfáng fúwù diànhuà yāo líng líng líng.

회화 2. 退房手续 체크아웃 Track 18

东勋：我想办理退房手续。
dōngxūn : wǒ xiǎng bànlǐ tuìfáng shǒuxù.

酒店员工：请告诉我您的姓名和房间号码，并把您的房卡给我。
jiǔdiàn yuángōng : qǐng gàosù wǒ nín de xìngmíng hé fángjiān hàomǎ, bìng bǎ nín de fángkǎ gěi wǒ.

东勋：我是赵东勋，1906号房间，房卡就在这儿。
dōngxūn : wǒ shì zhàodōngxūn, yāo jiǔ líng liù hào fángjiān, fángkǎ jiù zài zhèr.

酒店员工：好，请稍等。一共是2,400块钱。
jiǔdiàn yuángōng : hǎo, qǐng shāo děng. yígòng shì liǎngqiān sìbǎi kuài qián.

东勋：这么贵啊！是不是算错了？
dōngxūn : zhème guì ā! shì bú shì suàn cuò le?

酒店员工：三天的住宿费是2,100块钱。
jiǔdiàn yuángōng : sān tiān de zhùsù fèi shì liǎngqiān yībǎi kuài qián.

您在客房里打过两次国际电话，并使用了冰箱里的两瓶
nín zài kèfángli dǎguo liǎng cì guójì diànhuà, bìng shǐyòng le bīngxiāngli de liǎng píng

饮料和一包品客薯片儿。加起来一共是2,400块钱。
yǐnliào hé yì bāo pǐnkè shǔpiànr. jiāqǐlái yígòng shì liǎng qiān sì bǎi kuài qián.

东勋：饮料和薯片儿也要交钱吗？
dōngxūn : yǐnliào hé shǔpiànr yě yào jiāo qián ma?

酒店员工：对，也要交钱，不是免费的。
jiǔdiàn yuángōng : duì, yě yào jiāo qián, bú shì miǎnfèi de.

东勋：是这样啊。给您。
dōngxūn : shì zhèyàng a. gěi nín.

酒店员工：都办好了。请携带好您的随身物品，不要遗失在房间里。
jiǔdiàn yuángōng : dōu bàn hǎo le. qǐng xiédài hǎo nín de suíshēn wùpǐn, búyào yíshī zài fángjiānli.

东勋：你们酒店环境又好，服务态度也不错，我非常满意。
dōngxūn : nǐmen jiǔdiàn huánjìng yòu hǎo, fúwù tàidù yě búcuò, wǒ fēicháng mǎnyì.

酒店员工：欢迎您再次光临本酒店。
jiǔdiàn yuángōng : huānyíng nín zàicì guānglín běn jiǔdiàn.

Pattern으로 익히는 문법과 어휘

1. '多'를 사용한 의문사

这儿离市中心有<u>多远</u>?
zhèr lí shìzhōngxīn yǒu duōyuǎn?
여기에서 시내까지 얼마나 되나요?

'多'는 단음절 형용사와 결합하여 '多+형용사' 형태의 의문사를 만들 수 있다. '多+형용사' 는 문장의 술어로 사용할 수 있으며, 또 有+'多+형용사'의 형태로 쓰기도 한다.

이 때 의문사는 나이, 크기, 높이 등과 같이 수치화하여 대답할 수 있는 것이어야만 한다. 예를 들어 '多大', '多高', '多重', '多长', '多远', '多贵', '多少'등이 있다. 형용사는 일반적으로 특정한 기준점보다 위의 의미를 가진 것을 사용하지만 '多少'의 경우만 기준점보다 아래 의비를 가진 형용사를 사용한다. 이는 '多'를 사용하여 반복하게 되는 것을 피하기 위해 반대 의미인 '少'를 사용한 것이다.

(1) 你的孩子今年有<u>多大</u>了?

(2) 从北京到东京坐飞机有<u>多远</u>?

(3) 中国的万里长城到底有<u>多长</u>啊?

2. 시량보어

需要在这里<u>住三天</u>。
xūyào zài zhèli zhù sān tiān.
여기서 3일 묵으려고 합니다.

시량보어는 동작 또는 상태가 얼마나 지속되는지를 설명하는 보어이다. 형태는 목적어가 있는 경우 '동사+목적어+동사+시량보어'의 형태로 쓰거나, 동사를 반복하지 않을 경우, 목적어가 인칭대명사면 목적어는 보어 앞에 오고, 인칭대명사가 아니면 시량보어 뒤에 쓴다. 이 경우 시량보어는 한정어가 되어 '的'을 첨가 할 수 있다.

(1) 我学汉语已经学了<u>十年</u>了。

(2) 我们下课二十<u>分钟</u>了。

(3) 他坐了<u>六个小时</u>的飞机。

동사의 의미가 '死', '来', '去', '到', '离开', '结婚', '毕业', '认识', '停'처럼 지속되는 경우가 아니라면 동작발생 후의 시간 경과를 나타낸다. 이 경우에는 형태는 목적어가 있어도 동사를 반복하지 않고 목적어는 시량보어 앞에 온다.

(4) 我们结婚<u>八年</u>了。

(5) 他下学<u>两个多小时</u>了。

3. 연동문

我<u>打</u>电话<u>预订</u>了一个房间。
wǒ dǎ diànhuà yùdìng le yíge fángjiān.
제가 전화로 방을 하나 예약했어요.

연동문은 하나의 주어에 연속해서 술어로 쓰이는 동사구가 두 개 이상 있는 문장으로, 그 형태는 '주어+술어1+(목적어1)+술어2+(목적어2)'이다. 이 때 첫 번째 술어 동사는 중첩할 수 없다.

연동문의 종류는 크게 세 가지로 나눠볼 수 있는데, 1) 동작의 순서에 따라 두 개의 술어가 차례로 오는 경우, 2) 술어2가 술어1의 원인 또는 목적인 경우 3) 술어1이 주로 '来', '去', '到'을 사용하며, 술어2의 방식, 수단, 도구를 나타내는 경우가 있다.

(1) 我们<u>坐</u>飞机<u>去</u>巴黎吧。

(2) 今天是宝宝的生日，我们<u>买</u>蛋糕<u>吃</u>，怎么样？

(3) 我<u>去</u>教室<u>拿</u>书。

4. 병렬관계 접속사 '并'

请填这张住房登记卡，<u>并</u>出示您的身份证。
qǐng tián zhè zhāng zhù fáng dēngjìkǎ, bìng chūshì nín de shēnfènzhèng.
여기 체크카드를 기록해 주시고, 당신의 신분증을 보여주세요.

'并'은 병렬관계를 이끄는 접속사로 쓸 경우 '그리고', '또', '아울러' 등의 의미로 사용된다. 병렬관계 접속사는 '并'외에도 '及', '而' 등이 있는데, 차이점은 '并'의 경우는 동사를 연결할 때 사용하며, '而'은 주로 형용사를 연결하며, '及'는 문어체의 경우에만 쓰이며 이때 명사, 명사성 구, 대명사만을 연결하여 사용된다.

(1) 请同学们回家写课后练习, 并做一份800字的报告。

(2) 下课后, 小李去了图书馆, 而小张去了酒吧。

(3) 这是学生及老师的通讯地址。

5. 점층관계 부사 '又~也'

你们酒店的环境又好, 服务态度也不错。
nǐmen jiǔdiàn de huánjìng yòu hǎo, fúwù tàidù yě búcuò.
호텔 분위기도 좋고 또한 서비스도 좋군요.

부사 '又'는 '그 위에', '또한', '더하여'라는 의미로 더 한층 더해져 감을 나타낼 때 사용되기도 한다. 때로는 '也'와 호응하여 '又~也'의 형태로 사용되기도 한다. 이때 '也'는 '(~와 동시에) ~도 또한', '게다가 ~조차 (~하다).'의미이다. 호응하여 점층 관계를 나타내는 경우 앞의 '又'는 생략되어 '(又)~也'의 형태로 사용된다.

(1) 全智贤的身材又好, 长得也十分漂亮。

(2) 我们系的学生学习又努力, 性格也很好。

응용해 봅시다

1. 조건에 맞게 문장을 완성해 보세요.

1) 보기 안에 제시된 단어를 활용하여 문장을 완성하세요.

多大　多高　多长　多远　多少

(1) 你一定想不到他家的房子有＿＿＿＿＿＿＿＿。

(2) 请问，北京离上海有＿＿＿＿＿＿＿＿。

(3) 我一直不知道他有＿＿＿＿＿＿＿＿。

(4) 这份快递需要＿＿＿＿＿＿＿＿天才能到南非？

(5) 长城到底有＿＿＿＿＿＿＿＿呢？

2) 아래 예문처럼 알맞은 시량보어 사용하여 문장을 완성하세요.

需要在这里住三天。

(1) 今天是周日，我们踢足球踢了＿＿＿＿＿＿＿＿。

(2) 他来中国已经＿＿＿＿＿＿＿＿。

(3) 妈妈从十点到一点一直在做饭，已经做了＿＿＿＿＿＿＿＿的饭了。

(4) 从首尔飞到慕尼黑的班机都开了＿＿＿＿＿＿＿＿了。

(5) 卢浮宫中的名画简直是太多了，我已经看了＿＿＿＿＿＿＿＿。

3) 아래 문장에 알맞은 단어를 찾아 쓰세요.

去～买　来～吃　坐～去　有　又～也　要

(1) 我每次都是＿＿＿＿＿那家超市＿＿＿＿＿东西。

(2) 明天__________很多事情__________我去做。

(3) 小王每天__________地铁__________公司上班。

(4) 你们有空的话一起__________我家__________吃顿便饭吧。

(5) 他每天过得非常充实，__________要工作，__________要去做志愿者活动。

2. 아래의 단어를 문법에 맞게 배열하고 해석하세요.

(1) 房间　预定　我　了　电话　一个　打　。

→

(2) 物品　携带　请　您　好　的　随身　。

→

(3) 号码　姓名　的　告诉　房间　和　请　我　您　。

→

(4) 手续　我　想　退房　办理　。

→

3. 다음 한국어를 중국어로 바꾸어 보세요.

(1) 전 전화로 방을 하나 예약했는데요.

→

(2) 여기 숙박카드 적으시고, 당신의 신분증도 보여주세요.

→

(3) 여긴 시내에서 거리가 어느 정도 되죠?

→

(4) 방에 놓고 가시는 물건 없도록 짐 잘 챙기십시오.

→

(5) 여기 호텔은 분위기도 좋고, 서비스도 괜찮아서, 정말 마음에 듭니다.

→

4. 다음 제시된 어휘를 사용하여 대화를 만들어 보세요.

押金，客房服务，价格，满意，合理

5. 다음 글을 읽고 100자로 내용을 요약해 보세요.

用户可以通过互联网、电话、智能手机客户端等多种方式获得酒店预订服务，通过酒店预订服务查询、预订满意的酒店类型；所在商业街区、周围建筑物、品牌、星级、价位、地址、房型、床型、房内配置、酒店公用设施、停车场、宽带、早餐、开业时间、最近装修时间和用户评价等各类酒店相关信息并进行预订。

在酒店在线预订方式上，美国有70%的网民会通过互联网在线预订的方式进行酒店预订，但在中国，这个比例仅为15%，市场发展的潜力巨大。随着全球经济衰退大背景的到来，各大公司都在纷纷削减自己第二大可控制成本“差旅开支”的费用，在线订房方式的产生，无疑将会带给消费者和企业最实惠的利益。

随着中国使用互联网人数的增加，以及在线酒店预订市场和出入境旅游慢慢走向成熟，中国已经成为了此块业务发展的首选，以填补中国旅游市场内高端商旅市场和境外酒店信息资源及服务的空缺。

资深酒店业人士表示，网络营销已成为中国经济型连锁酒店发展的新动力及新一轮竞争的核心点。可以预见，未来一段时间，网络互动服务将成为消费者最关注的酒店服务内容之一，而自主预订也将成为市场主流。

大批盲目进入的经济型酒店正遭遇电子商务模式所带来的新门槛，适应网络时代消费特征的新型“鼠标+水泥”经营模式正成为酒店预订市场的主流。在自主预订热潮的面前，如果不革新营销模式，或许在新一轮“洗牌”中，他们将面临被淘汰的命运。

주제별 어휘: 호텔

房客	登记卡	服务费	押金
fángkè	dēngjìkǎ	fúwùfèi	yājīn
투숙객	체크인 카드	팁	보증금
大厅	**总台**	**咨询台**	**商务中心**
dàtīng	zǒngtái	zīxúntái	shāngwùzhōngxīn
로비	프런트	안내데스크	비즈니스 센터
单人间	**双人间**	**套间**	**标准间**
dānrénjiān	shuāngrénjiān	tàojiān	biāozhǔnjiān
싱글룸	트윈룸	스위트룸	스텐다드룸
服务台	**附早餐**	**送餐服务**	**叫醒服务**
fúwùtái	fùzǎocān	sòngcānfúwù	jiàoxǐngfúwù
서비스데스크	조식제공	룸서비스	모닝콜서비스

第7课

在银行

은행에서

회화 내용

1. 은행에서 환전하기.
2. 이율 묻기와 통장 만들기.
3. 인터넷뱅킹 신청하기.

문법&어휘

1. '比'와 '有'를 사용한 비교문
2. 가능보어: '得了'와'不了'
3. 점층관계 '而且'
4. 인과관계 '因为~所以'

새 단어

Track 19

办理 [bànlǐ]【동】처리하다. 취급하다.	好处 [hǎochu]【명】이로운 점. 장점.
外币 [wàibì]【명】외화.	快捷 [kuàijié]【형】빠르다. 신속하다.
兑换 [duìhuàn]【동】환전하다.	自动取款机 [zìdòngqǔkuǎnjī]【명】현금 자동 인출기.
窗口 [chuāngkǒu]【명】창문. (매표소·접수대의) 창구.	金融 [jīnróng]【명】금융.
汇率 [huìlǜ]【명】환율.	受骗 [shòupiàn]【동】사기를 당하다.
开 [kāi]【동】개설하다.	公认 [gōngrèn]【동】공인하다.
外汇 [wàihuì]【명】외화. 외환.	认证书 [rènzhèngshū]【명】인증서.
储蓄 [chǔxù]【동/명】저축하다. 저축.	防盗 [fángdào]【동】도난을 방지하다.
存款 [cúnkuǎn]【동/명】예금하다. 예금. * 储蓄存款 [chǔxùcúnkuǎn] 저축예금.	措施 [cuòshī]【명】조치. 대책.
账户 [zhànghù]【명】계좌.	案例 [ànlì]【명】사례.
活期 [huóqī]【형/명】비정기의. 보통 예금의. 보통 예금 방식. 수시로 인출할 수 있는.	越来越 [yuèláiyuè]【부】더욱더. 점점. 갈수록.
定期 [dìngqī]【동/형】날짜(기일/기한)를 정하다. 정기적인.	表格 [biǎogé]【명】표. 양식. 도표.

利息 [lìxī]【명】이자.	并且 [bìngqiě]【접】게다가. 또.
得了 [~déliǎo] 그렇게 될 수 있다고 하는 뜻을 나타냄.	输入 [shūrù]【동】입력하다.
网上 [wǎngshàng]【명】인터넷. 온라인.	密码 [mìmǎ]【명】비밀 번호.
汇款 [huìkuǎn]【동/명】돈을 부치다. 송금한 돈.	混合 [hùnhé]【동】혼합하다.
外国人登陆证 [wàiguórén dēnglùzhèng] 외국인등록증.	

회화 1. 外币兑换与开户 환전과 통장 만들기 Track 20

银行职员：您好，请问想办理什么业务？
yínháng zhíyuán：nín hǎo, qǐngwèn xiǎng bànlǐ shénme yèwù?

东勋：请问这里办理外币兑换业务吗？
dōngxūn：qǐngwèn zhè li bànlǐ wàibì duìhuàn yèwù ma?

银行职员：我这个窗口就可以办理。
yínháng zhíyuán：wǒ zhè ge chuāngkǒu jiù kěyǐ bànlǐ.

东勋：今天美元对人民币的汇率是多少？
dōngxūn：jīntiān měiyuán duì rénmínbì de huìlǜ shì duōshao?

银行职员：今天的汇率比昨天要高，是6.2。
yínháng zhíyuán：jīntiān de huìlǜ bǐ zuótiān yào gāo, shì liù diǎn èr.

东勋：那帮我换2,000美金，并开一个外汇储蓄存款的账户。
dōngxūn：nà bāng wǒ huàn liǎngqián měijīn, bìng kāi yí ge wàihuì chǔxù cúnkuǎn de zhànghù.

银行职员：好的。请出示您的身份证或者护照。
yínháng zhíyuán：hǎo de. qǐng chūshì nín de shēnfènzhèng huòzhě hùzhào.

您打算做活期账户还是定期账户？
nín dǎsuàn zuò huóqī zhànghù háishi dìngqī zhànghù?

东勋：哪个利息高？
dōngxūn：nǎ ge lìxī gāo?

银行职员：活期账户的利息没有定期的高。
yínháng zhíyuán：huóqī zhànghù de lìxī méi yǒu dìngqī de gāo.

东勋：那帮我办理定期账户吧。
dōngxūn：nà bāng wǒ bànlǐ dìngqī zhànghù ba.

银行职员：好，都办好了。
yínháng zhíyuán：hǎo, dōu bàn hǎo le.

회화 2. 网上金融 인터넷뱅킹 Track 21

银行职员：网上汇款服务有很多好处，方便快捷而且比自动
yínháng zhíyuán：wǎngshang huìkuǎn fúwù yǒu hěn duō hǎochu, fāngbiàn kuàijié érqiě bǐ zìdòng

取款机(ATM)的手续费要低很多。
qǔkuǎnjī(ATM)de shǒuxùfèi yào dī hěn duō.

东勋：网上金融业务不会有危险吧？
dōngxūn：wǎng shàng jīnróng yèwù búhuì yǒu wēixiǎn ba?

银行职员：最近因为出现公认认证书的防盗措施，所以受骗的
yínháng zhíyuán：zuìjìn yīnwèi chūxiàn gōngrèn rènzhèngshū de fángdào cuòshī, suǒyǐ shòupiàn de

案例越来越少了。
ànlì yuèláiyuè shǎo le.

东勋：那我就放心了。可是外国人办得了网上汇款吗？
dōngxūn：nà wǒ jiù fàngxīn le. kěshì wàiguórén bàndeliǎo wǎngshàng huì kuǎn ma?

银行职员：如果有外国人登陆证的话，就办得了。
yínháng zhíyuán：rúguǒ yǒu wàiguórén dēnglùzhèng de huà, jiù bàndeliǎo.

东勋：这是我的外国人身份证。
dōngxūn：zhè shì wǒ de wàiguórén shēnfènzhèng.

银行职员：请填写这张表格，并且输入您的密码，密码需要数字
yínháng zhíyuán：qǐng tián xiě zhè zhāng biǎogé, bìngqiě shūrù nín de mìmǎ, mìmǎ xūyào shùzì

与英语字母的混合输入。
yǔ yīngyǔ zìmǔ de húnhé shūrù.

东勋：输好了。
dōngxūn：shū hǎo le.

银行职员：请再输一次。办好了，这是您的身份证，请拿好！
yínháng zhíyuán：qǐng zài shū yí cì. bàn hǎo le, zhè shì nín de shēnfènzhèng, qǐng ná hǎo!

Pattern으로 익히는 문법과 어휘

1. '比'를 사용한 비교문

今天的汇率比昨天要高。
jīntiān de huìlǜ bǐ zuótiān yào gāo.
오늘 환율은 어제보다 높습니다.

사람이나 사물의 같거나 다름을 비교하거나 성질, 상태, 정도가 어떠한지를 비교하는 문장을 쓸 때 다양한 형태를 사용하여 표현할 수 있다. 첫째 '比'를 사용하여 'A比B+형용사'의 형태로 비교문을 만들 수 있는데, 이 때 의미는 'A는 B보다~하다.'이다. 정도의 차이를 나타낼 때 형용사 앞에 '还'나 '更'을 쓸 수 있지만 '很'이나 '非常'을 쓸 수 없다. 부정형의 형태는 '比'앞에 부정부사 '不를 써서 표현하면 된다.

(1) 我比他的个子还高。
(2) 我做的饭比妈妈做的还好吃。
(3) 姐姐的成绩不比妹妹的好。

2. '有'를 사용한 비교문

活期账户的利息没有定期的高。
huóqī zhànghù de lìxī méi yǒu dìngqī de gāo.
보통 예금의 이자는 정기예금보다 높지 않습니다.

'有'를 사용하여 비교의 나타내기도 하는데, 이때 '有'는 어느 수준에 이르렀음을 나타내 '~만큼 ~하다.'라는 의미로 사용된다. 형용사 앞에 '这么' 혹은 '那么'를 써 '이것만큼 ~하다.' 또는 '저것만큼 ~하다.'를 표현할 때 쓰기도 한다. '~만큼 ~하지 않다'의 의미의 부정을 나타낼 때는 '有' 앞에 부정부사 '没'를 써서 표현하면 된다.

(1) 我的汉语没有你那么好。
(2) 中国的外卖服务没有韩国这么发达。
(3) 美金汇率今天没有昨天高。

3. '得了'와 '不了'를 사용한 가능보어

如果有外国人登陆证的话，就<u>办得了</u>。
rúguǒ yǒu wàiguórén dēnglùzhèng de huà, jiù bàndeliǎo.
만약 외국인 거주증(등록증)이 있으면, 처리할 수 있습니다.

동사 뒤에 '得了'를 사용하여 '그렇게 될 수 있다'고 하는 가능성의 뜻을 나타내거나, 동작을 양적으로 완결 또는 완료할 수 있다는 뜻을 나타낼 때 쓴다. 부정의 경우 동사의 뒤에 '不了'를 써 동작을 완료할 수 없음을 강조한다. 이때 의미는 '다 …해낼 수는 없다.', '…할 수(가) 없다.', '그렇게 될 수 없다.'이다.

(1) 我很有信心，觉得一定<u>办得了</u>这件事。

(2) 今天太晚了，我估计<u>办不了</u>了。

4. 점층관계 접속사 '而且'

方便快捷<u>而且</u>比自动取款机(ATM)的手续费要低很多。
fāngbiàn kuàijié érqiě bǐ zìdòngqǔkuǎnjī(ATM)de shǒuxùfèi yào dī hěn duō.
빠르고 편리하며 현금인출기 수수료보다 훨씬 저렴합니다.

'而且'는 '게다가', '뿐만 아니라', '또한'이라는 뜻으로 점층 관계에 자주 사용되는 접속사이며, 점층 관계는 뒤의 의미가 앞의 의미보다 점점 더 깊어짐을 나타내는 문장을 말한다. '而且'는 앞에 '不但'이나 '不仅'등과 호응하여 '不但/不仅A~，并且B~'의 형태로 자주 사용되는데, 이때 의미는 'A할 뿐만 아니라, 게다가 B하기까지 하다.'이다. '而且'의 절에는 앞의 절보다 더 발전된 내용을 쓴다.

(1) 近年来，中国经济水平快速提高，<u>而且</u>老百姓的生活也越来越好。

(2) 在中国，水果非常便宜，<u>而且</u>牛肉也不贵。

5. 인과관계 '因为~所以'

最近<u>因为</u>出现公认认证书的防盗措施，<u>所以</u>受骗的案例越来越少了。
zuìjìn yīnwèi chūxiàn gōngrèn rènzhèngshū de fángdào cuòshī, suǒyǐ shòupiàn de ànlì yuèláiyuè shǎo le.
요즘 공인인증서 보안대책이 나와서, 사기 사례가 점점 줄어들고 있다.

인과관계는 원인과 결과 또는 판단관계를 나타내는 것으로 주로 객관적 원인을 설명할 때 '因为'를 사용하여 나타낸다. 이때 '因为'는 '所以'와 호응하여 잘 쓰이는데 '所以'는 '그래서'라는 뜻으로 인과 관계의 문장에서 결과나 결론을 나타낼 때 쓴다.

이 때 '因为~所以'는 'A하기 때문에, 그래서 B하다.'라는 의미이며, 앞의 '因为'는 생략하고 쓰기도 한다. 또 '因为'는 '由于'와 바꿔 사용되기도 한다.

(1) <u>因为</u>我今天早上发烧，<u>所以</u>迟到了。

(2) <u>由于</u>近十年中韩贸易往来及其密切，<u>所以</u>文化交流越来越多。

응용해 봅시다

1. 제시된 단어를 활용하여 아래 문장을 보기와 같이 완성해 보세요.

1) '不但~而且' '因为~所以'

(1) 他__________拥有灵活的头脑，__________还拥有健康的体魄。

(2) 韩国化妆品__________价格便宜，__________质量也很不错。

(3) __________现在公司有急事，__________我不能跟你一起吃午饭了。

(4) __________今天的天气实在太热了，__________我打算去游泳。

2) 비교문의 '比', '有'

(1) 老师说我的汉语__________他的更好。

(2) 我儿子今年十五岁了，个子都已经__________我这么高了。

(3) 近几年，美国经济的发展不__________中国的迅速。

(4) 我的书没__________哥哥的多。

3) '得了'， '不了'

(1) 如果我明天没有事情的话就去 ____________ 。

(2) 我吃得太多了，实在是吃 ____________ 了。

(3) 今天必须完成的任务都完成____________吗？

(4) 由于在下大暴雨，飞机延迟一个小时起飞，我们按时到____________了。

2. 아래의 단어를 문법에 맞게 배열하고 해석하세요.

(1) 护照　身份证　您　请　或者　出事　的　。

→

(2) 越来越　了　受骗　案例　的　少　。

→

(3) 没有　利息　高　的　账户　定期　活期　。

→

(4) 英语字母　需要　数字　混合　密码　的　输入　与　。

→

3. 다음 한국어를 중국어로 바꾸어 보세요.

(1) 여기서 환전 업무 하나요?

→

(2) 오늘 1달러당 인민폐 환율은 얼마죠?

→

(3) 편리하고 빠르며 게다가 ATM보다 수수료도 많이 저렴해요.

→

(4) 보통예금의 이율이 정기예금보다 낮아요.

→

(5) 외국인 거주증이 있으시면 (인터넷 뱅킹)등록 하실 수 있습니다.

→

4. 다음 제시된 어휘를 사용하여 대화를 만들어 보세요.

越来越，储蓄，网上，密码，利息

5. 다음 글을 읽고 100자로 요약해 보세요.

银行一词，源于意大利Banca，其原意是长凳、椅子，是最早的市场上货币兑换商的营业用具。英语转化为Bank，意为存钱的柜子。在我国，之所以有“银行”之称，则与我国经济发展的历史相关。在我国历史上，白银一直是主要的货币材料之一。“银”往往代表的就是货币，而“行”则是对大商业机构的称谓。把办理与银钱有关的大金融机构称为银行，最早见于太平天国洪仁玕所著的《资政新篇》。

一般认为最早的银行是意大利1407年在威尼斯成立的银行。其后，荷兰在阿姆斯特丹、德国在汉堡、英国在伦敦也相继设立了银行。十八世纪末至十九世纪初，银行得到了普遍发展。

在17世纪，一些平民通过经商致富，成了有钱的商人。他们为了安全，都把钱存放在国王的金库里。这里要注意，那个时候还没有纸币，所谓存钱就是指存放黄金。因为那时实行“自由铸币”（Free coinage）制度，任何人都可以把金块拿到铸币厂里，铸造成金币，所以铸币厂允许顾客存放黄金。查理一世但是很不幸，这些商人没意识到，铸币厂是属于国王的，如果国王想动用铸币厂里的黄金，根本无法阻止。1638年，英国的国王是查理一世（Charles I），他同苏格兰贵族爆发了战争，为了筹措军费，他就征用了铸币厂里平民的黄金，贷款给国王。后来1649年，他被克伦威尔砍了头，这就是著名的英国资产阶级革命。

虽然，被征用的黄金最终都还给了原来的主人，但是商人们感到，铸币厂不再安全了。于是，他们把钱存到了金匠（Goldsmith）那里。金匠就为存钱的人开立了凭证，以后拿着这张凭证，就可以取出黄金。很快地，商人们就发现了，需要用钱的时候，根本不需要取出黄金，只要把黄金凭证交给对方就可以了。再后来，金匠恍然大悟，原来自己开立的凭证，居然具有货币的效力！他们抵抗不了诱惑，就开始开立“假凭证”。但是神奇的是，只要所有客户不是同一天来取黄金，“假凭证”就等同于“真凭证”。这就是现代银行中“准备金制度”的起源，也是“货币创造”机制的起源。银行体系可以将信用货币的数量放大，实物货币就做不到这一点。此时是17世纪60年代末，现代银行就是那个时候诞生的。

주제별 어휘: 은행

储户	账户注销	融资	分期付款
chǔhù	zhànghùzhùxiāo	róngzī	fènqīfùkuǎn
예금주	계좌를 해지하다.	융자	할부
户头	**帐号**	**银行卡**	**信用卡**
hùtóu	zhànghào	yínhángkǎ	xìnyòngkǎ
계좌	계좌 번호	현금카드	신용카드
外币	**欧元**	**硬币**	**钞票**
wàibì	ōuyuán	yìngbì	chaopiào
외화	유로화	동전	지폐
总店	**分店**	**中国人民银行**	**中国工商银行**
zǒngdiàn	fèndiàn	zhōngguó rénmínyínháng	zhōngguó gōngshāngyínháng
본점	지점	중국인민은행	중국공상은행

第8课

在电影院

영화관에서

회화 내용

1. 영화 선택하기.
2. 좌석 정하기.
3. 영화관에서 간식 사기.

문법&어휘

1. 동태조사: '过'
2. 점층관계: '除了～以外'
3. 병렬관계: '一边～一边'
4. '以为', '认为'의 비교
5. '听说'

새 단어

Track 22

遍 [biàn] 【양】 번. 차례. 회. [한 동작의 처음부터 끝까지의 전 과정]	剩 [shèng] 【동】 남다. 남기다.
时间段 [shíjiānduàn] 【명】 시간대.	而且 [érqiě] 【접】 게다가. 또한.
部 [bù] 【양】 부. 편. [서적이나 영화 편수 등을 세는 단위]	打折 [dǎzhé] 【동】 할인하다.
以为 [yǐwéi] 【동】 여기다. 생각하다.	洋葱 [yángcōng] 【명】 양파.
排队 [páiduì] 【동】 줄을 서다.	味(儿) [wèir] 【명】 맛.
爆米花 [bàomǐhuā] 【명】 팝콘.	焦糖 [jiāotáng] 【명】 캐러멜(caramel).
饮料 [yǐnliào] 【명】 음료.	鱿鱼 [yóuyú] 【명】 오징어. * 烤鱿鱼 [kǎoyóuyú] 오징어 구이.
情侣 [qínglǚ] 【명】 연인. 애인.	桶 [tǒng] 【명】 통.
座 [zuò] 【명】 좌석. 자리.	奶油 [nǎiyóu] 【명】 버터. 크림.
光 [guāng] 【형】 아무것도 없이 텅 비다. 하나도 남아 있지 않다.	钢铁侠4 [gāngtiěxiá] 【고유】 아이언맨4
卖座 [màizuò] 【형】 (극장이나 식당 등의) 관객(손님)이 많다. 표가 잘 팔리다.	变形金刚3 [biànxíngjīngāngsān] 【고유】 트렌스포머 3

회화 1. 买电影票 영화예매하기 Track 23

东勋：我们看什么电影呢？钢铁侠怎么样？
dōngxūn：wǒmen kàn shénme diànyǐng ne? gāngtiěxiá zěnmeyàng?

小华：我都看了两遍了。
xiǎohuá：wǒ dōu kàn le liǎng biàn le.

东勋：那看什么呢？这个时间段就只有变形金刚4了。
dōngxūn：nà kàn shénme ne? zhè ge shíjiānduàn jiù zhǐyǒu biànxíngjīngāng sì le.

小华：好啊，我还没看过呢。听说那部电影很有意思。
xiǎohuá：hǎo a, wǒ hái méi kàn guo ne. tīngshuō nà bù diànyǐng hěn yǒuyìsī.

东勋：我还以为你已经看过了呢。我也还没看过，特别想看。
dōngxūn：wǒ hái yǐwéi nǐ yǐjīng kàn guo le ne. wǒ yě hái méi kàn guo, tèbié xiǎng kàn.

小华：你在这儿排队买电影票，我现在就去卖场买爆米花和饮料。
xiǎohuá：nǐ zài zhèr páiduì mǎi diànyǐngpiào, wǒ xiànzài jiù qù màichǎng mǎi bàomǐhuā hé yǐnliào.

（电影票售票台）

东勋：请给我两张三点半的变形金刚4。要情侣座。
dōngxūn：qǐng gěi wǒ liǎng zhāng sān diǎn bàn de biàn xíng jīn gāng sì. yào qínglǚzuò.

售票员：情侣座已经卖光了，一般座位也只剩前面的了。
shòupiàoyuán：qínglǚzuò yǐjīng mài guāng le, yìbān zuòwèi yě zhǐ shèng qiánmiàn de le.

东勋：那我要这两个座位，而且我有打六折的优惠券。
dōngxūn：nà wǒ yào zhè liǎng ge zuòwèi, érqiě wǒ yǒu dǎ liù zhé de yōuhuìquàn.

售票员：打折后的价格是55块钱。这是您的电影票，请拿好。
shòupiàoyuán：dǎzhéhou de jiàgé shì wǔshíwǔkuài qián. zhè shì nín de diànyǐngpiào, qǐng ná hǎo.

회화 2. 买小吃 간식거리 사기 Track 24

小华：我们一边看电影一边吃爆米花吧。你想要什么味儿的？
xiǎohuá : wǒmen yìbiān kàn diànyǐng yìbiān chī bàomǐhuā ba. nǐ xiǎng yào shénme wèir de?

东勛：我喜欢洋葱味儿的，你呢？
dōngxūn : wǒ xǐhuan yángcōng wèir de, nǐ ne?

小华：我喜欢吃焦糖爆米花。除了爆米花以外，你还想吃什么？
xiǎohuá : wǒ xǐhuan chī jiāotáng bàomǐhuā. chúle bàomǐhuā yǐwài, nǐ hái xiǎng chī shénme?

东勛：我还想吃烤鱿鱼。
dōngxūn : wǒ hái xiǎng chī kǎo yóuyú.

小华：那饮料呢？
xiǎohuá : nà yǐnliào ne?

东勛：我要可乐。
dōngxūn : wǒ yào kělè.

小华：好，那我就买套餐了。
xiǎohuá : hǎo, nà wǒ jiù mǎi tàocān le.

(在小卖店)

小华：请给我一个爆米花可乐套餐，多少钱？
xiǎohuá : qǐng gěi wǒ yí ge bàomǐhuā kělè tàocān, duōshao qián?

店员：加5块钱，饮料和爆米花可以换大桶的。
diànyuán : jiā wǔkuài qián, yǐnliào hé bàomǐhuā kěyǐ huàn dà tǒng de.

小华：好，给我换大桶的吧。还有，我有优惠券。
xiǎohuá : hǎo, gěi wǒ huàn dà tǒng de ba. háiyǒu, wǒ yǒu yōuhuìquàn.

店员：这是20%的优惠券，使用的话交35元就可以。
diànyuán : zhè shì bǎifēnzhī èrshí de yōuhuìquàn, shǐyòng de huà jiāo sānshíwǔ yuán jiù kěyǐ.

小华：对了，再给我一包烤鱿鱼，奶油味儿的。
xiǎohuá : duì le, zài gěi wǒ yì bāo kǎo yóuyú, nǎiyóu wèir de.

店员：一共是56元，请拿好。
diànyuán : yígòng shì wǔshíliù yuán, qǐng ná hǎo.

Pattern으로 익히는 문법과 어휘

1. 동태 조사 '过'

我还没看<u>过</u>呢。
wǒ hái méi kàn guo ne.
나 아직 본적 없어.

어떤 동작이 과거에 이미 발생했음을 나타내거나 과거의 경험을 나타낼 때 동사 뒤에 동태조사 '过'를 쓴다. 의미는 '~한 적이 없다.'이며 형태는 '동사+过'이다. 부정의 형태는 '没(有)+동사+过'로 쓴다. 의문형은 문장 끝에 '吗'나 '没有'를 쓴다.

(1) 我在中国的时候曾<u>去过</u>西藏。
(2) 我到现在还没<u>去过</u>庆州。
(3) 你<u>去过</u>中国的海南吗?

2. 점층관계: '除了~以外'

<u>除了</u>爆米花<u>以外</u>, 你还想吃什么?
chúle bàomǐhuā yǐwài, nǐ hái xiǎng chī shénme?
팝콘 외에 또 뭐 먹고 싶어?

전치사 '除了'는 '~외에 또', '~를 제외하고'의 의미로 뒷절에 '还'나 '也' 등과 같이 호응되어, '除了A~(以外), 还/也B~'의 형태로 'A 이외에 다른 것(B)이 또 있다'는 것을 나타낸다. 이 경우 A는 이미 잘 알고 있는 비교적 일반적 상황이고, B는 잘 알지 못하는 비교적 특수하거나 보충설명이 필요한 상황이다.

(1) <u>除了</u>汉语<u>以外</u>, 你还会说什么语言?
(2) 现在公司<u>除了</u>我<u>以外</u>, 还有小王在工作。

3. 병렬관계: '一边~一边~'

我们一边看电影一边吃爆米花吧。
wǒmen yìbiān kàn diànyǐng yìbiān chī bàomǐhuā ba.
우리 영화 보면서 팝콘 먹자.

'一边'은 접속사로 동작이나 상황이 동시에 진행됨을 표현하며 '한편으로 ~하면서(~하다)', '~하면서 ~하다', '~과 ~를 병행하다.'의 의미로 사용된다. 형태는 '(一边)~, 一边~' 로 쓰이며, 문법적으로는 '一边'뒤에 오는 동사 뒤에 완료 조사 '了'를 쓰지 않는다.

(1) 我喜欢一边写作业，一边听音乐。

(2) 歌手一边唱歌，一边跳舞，看起来很辛苦。

4. '以为', '认为', '觉得' 의미 비교하기

我还以为你已经看过了呢。
wǒ hái yǐwéi nǐ yǐjīng kàn guo le ne.
난 니가 이미 봤다고 생각했어.

한국어로 '~라고 생각하다.'라는 뜻의 중국어는 '以为', '认为', '觉得'등으로 다양하지만 상황에 따라 그 쓰임이 다르다. '以为'는 주로 사실과 다른 경우 판단시에 사용하며, '认为'은 사용할 수 없다. 또 '认为'와 '觉得'는 사람이나 사물에 대해 어떤 생각을 가지고 있음을 나타낼 때 쓰지만 '以为'는 사용할 수 없다. '认为'와 '觉得'의 차이는 '认为'는 주로 객관적 사실에 '觉得'는 주로 주관적 사실에 대한 생각을 나타낼 때 쓴다.

(1) 我还以为他已经结婚了呢。

(2) 老板认为小王的工作能力很强。

(3) 你觉得是中国的电影有意思，还是韩国的电影有意思？

5. 听说

听说那部电影很有意思好看。
tīngshuō nà bù diànyǐng hěn yǒuyìsī hǎokàn.
저 영화 아주 재미있다고 하던데.

한국어에서 '~라고 하던데'라는 의미를 쓸 때 동사 '听说'를 사용해서 표현하면 되는데, '听说'는 '듣자(하)니', '들은 바로는 (~라고 한다).'의 의미이다. '听说+들은 내용'의 형태로 쓰며, 이합사로 '听说' 중간에 다른 성분이 들어오기도 한다.

(1) 听说张老师去年已经退休了。

(2) 听说他当上了校长。

응용해 봅시다

1. 제시된 단어를 활용하여 아래 문장을 완성해 보세요.

1)

除了～以外　　一边～一边～　　没有～过

(1) ＿＿＿＿＿ 刘德华＿＿＿＿＿＿，我还喜欢梁朝伟。

(2) 我们＿＿＿＿＿ 喝咖啡，＿＿＿＿＿＿聊天，十分开心。

(3) 我去过很多地方旅游，至于中国，还＿＿＿＿＿ 去＿＿＿＿＿＿ 呢。

(4) 妈妈每天＿＿＿＿＿ 做饭＿＿＿＿＿＿刷碗。

(5) 丽丽会做很多韩国料理,＿＿＿＿＿拌饭＿＿＿＿＿，还会做大酱汤。

2)

以为　　认为　　觉得　　听说　　过

(1) 各国专家＿＿＿＿＿＿目前中国股市的急剧下跌有各种原因。

(2) 人们总＿＿＿＿＿＿他是傻瓜，其实他是个极其聪明的人。

(3) 今天我＿＿＿＿＿＿他升职了，所以想去祝贺他。

(4) 不知道你吃没吃＿＿＿＿＿＿ 中国的北京烤鸭。

(5) 你看起来很年轻，我＿＿＿＿＿你还没结婚呢。

2. 아래의 단어를 문법에 맞게 배열하고 해석하세요.

(1) 票　在　你　这儿　买　排队　电影　。

→

(2) 套餐　请　爆米花　给　一个　请　可乐　。

→

(3) 光　了　已经　情侣　卖　座　。

→

(4) 吧　一边　看　吃　一边　我们　电影　爆米花　。

→

3. 다음 한국어를 중국어로 바꾸어 보세요.

(1) 저 영화 아주 재미있다고 하던데.

→

(2) 난 네가 이미 봤다고 생각했어.

→

(3) 커플석은 이미 매진되었고, 일반석도 앞 좌석만 남았어요.

→

(4) 우리 영화 보면서 팝콘 먹자.

→

(5) 팝콘 말고 또 뭐 먹고 싶어?

→

4. 다음 제시된 어휘를 사용하여 대화를 만들어 보세요.

以为，卖座，打折，情侣座，排队

5. 다음 글을 읽고 100자로 요약해 보세요.

1872年的一天，在美国加利福尼亚州一个酒店里，斯坦福与科恩发生了激烈的争执：马奔跑时蹄子是否都着地？斯坦福认为奔跑的马在跃起的瞬间四蹄是腾空的；科恩却认为，马奔跑时始终有一蹄着地。争执的结果谁也说服不了谁，于是就采取了美国人惯用的方式打赌来解决。他们请来一位驯马好手来做裁决，然而，这位裁判员也难以断定谁是谁非。这很正常，因为单凭人的眼睛确实难以看清快速奔跑的马蹄是如何运动的。

裁判的好友——英国摄影师麦布里奇知道了这件事后，表示可由他来试一试。他在跑道的一边安置了24架照相机，排成一行，相机镜头都对准跑道；在跑道的另一边，他打了24个木桩，每根木桩上都系上一根细绳，这些细绳横穿跑道，分别系到对面每架照相机的快门上。

一切准备就绪后，麦布里奇牵来一匹漂亮的骏马，让它从跑道一端飞奔到另一端。当跑马经过这一区域时，依次把24根引线绊断，24架照相机的快门也就依次被拉动而拍下了24张照片。麦布里奇把这些照片按先后顺序剪接起来。每相邻的两张照片动作差别很小，它们组成了一条连贯的照片带。裁判根据这组照片，终于看出马在奔跑时总有一蹄着地，不会四蹄腾空，从而判定科恩赢了。

按理说，故事到此就应结束了，但这场打赌及其判定的奇特方法却引起了人们很大的兴趣。麦布里奇一次又一次地向人们出示那条录有奔马形象的照片带。一次，有人无意识地快速牵动那条照片带，结果眼前出现了一幕奇异的景象：各张照片中那些静止的马叠成一匹运动的马，它竟然“活”起来了！

人们从这里得到了启迪，从此以后，许多发明家将眼光投向了电影摄影机的研制上。1895年12月28日，法国人卢米埃尔兄弟在巴黎的“大咖啡馆”第一次用自己发明的放映摄影兼用机放映了《火车到站》影片，标志电影的正式诞生。

当然，19世纪末电影的诞生从根本上说是科学技术与艺术相结合的综合产物，而斯坦福与科恩的打赌事件如同使这些科学技术糅合在一起发生巨变的催化剂，迅速导致了电影综合技术的出现和产生，使电影这门伟大的艺术叩响了20世纪的大门。

주제별 어휘: 여가생활

游乐园	过山车	摩天轮	碰碰车
yóulèyuán	guòshānchē	mótiānlún	pèngpèngchē
유원지	롤러코스트	대관람차	범퍼카
保龄球	**球瓶**	**好球**	**后备选手**
bǎolíngqiú	qiúpíng	hǎoqiú	hòubèixuǎnshǒu
볼링	핀	스트라이크	스페어
音乐会	**演唱会**	**钓鱼**	**麻将**
yīnyuèhuì	yǎnchànghuì	diàoyú	májiāng
음악회	콘서트	낚시를 하다.	마작
影迷	**银幕**	**放映时间**	**观看比赛**
yǐngmí	yínmù	fàngyìngshíjiān	guānkànbǐsài
영화팬	스크린	상영시간	스포츠 관람

第9课

在医院

병원에서

회화 내용

1. 건강검진 접수하기.
2. 약국에서 약 구입하기.
3. 의료 보험 관련 묻기.

문법&어휘

1. 강조 '是~的' 용법
2. '省得'
3. '被'자문
4. 방향보어

새 단어

Track 25

例行 [lìxíng] 【동】 관례대로 처리하다.	省得 [shěngde] 【접】 …하지 않도록. …않기 위하여.
体检 [tǐjiǎn] 【명/동】 신체검사(하다).	跑来跑去 [pǎoláipǎoqù] 【동】 뛰어다니다.
例行体检 [lìxíngtǐjiǎn] 【명】 정기 검진.	药剂师 [yàojìshī] 【명】 약사.
提前 [tíqián] 【동】 (예정된 시간·위치를) 앞당기다.	药方 [yàofāng] 【명】 처방. 처방전.
预约 [yùyuē] 【동】 예약하다.	服用 [fúyòng] 【동】 (약이나 보신제를) 먹다. 복용하다.
一般 [yìbān] 【형】 보통이다. 일반적이다.	维生素 C [wéishēngsùC] 【명】 비타민C
自费 [zìfèi] 【명】 자비.	保健品 [bǎojiànpǐn] 【명】 건강 보조 식품
胃内视镜 [wèinèishìjìng] 【명】 위내시경.	范围 [fànwéi] 【명】 범위.
原本 [yuánběn] 【부】 원래. 본래.	钙片儿 [gàipiànr] 【명】 칼슘제.
医保 [yībǎo] 【명】 의료 보험.	信用卡 [xìnyòngkǎ] 【명】 신용 카드.
付款 [fùkuǎn] 【동】 돈을 지불하다.	结账 [jiézhàng] 【동】 계산하다.
检查 [jiǎnchá] 【동】 검사하다. 점검하다. 조사하다.	划 [huá] 【동】 (카드를) 긁다.
结果 [jiéguǒ] 【명】 결과. 결실.	

회화 1. 挂号 접수하기 Track 26

前台：请问需要什么服务？
qiántái：qǐngwèn xūyào shénme fúwù?

小华：我是来做例行体检的。
xiǎohuá：wǒ shì lái zuò lìxíng tǐjiǎn de.

前台：提前预约了吗？
qiántái：tíqián yùyuē le ma?

小华：对，我上周打电话预约了九点的。我叫小华。
xiǎohuá：duì, wǒ shàng zhōu dǎ diàn huà yù yuē le jiǔ diǎn de. wǒ jiào xiǎohuá.

前台：查到了，小华，9点的一般例行体检。请填写这张表格。
qiántái：chá dào le, xiǎohuá, jiǔ diǎn de yìbān lìxíng tǐjiǎn. qǐng tián xiě zhè zhāng biǎogé.

小华：都填好了。我想自费作胃内视镜的检查，要交多少钱？
xiǎohuá：dōu tián hǎo le. wǒ xiǎng zìfèi zuò wèinèishìjìng de jiǎnchá, yào jiāo duōshao qián?

前台：原本是六万块钱，你因为有医保，只需交两万块钱就可以。
qiántái：yuánběn shì liùwàn kuài qián, nǐ yīnwèi yǒu yībǎo, zhī xūjiāo liǎngwàn kuài qián jiù kěyǐ.

小华：是在这儿付款吗？
xiǎohuá：shì zài zhèr fùkuǎn ma?

前台：检查后在这儿付款就行。检查结果给您寄到公司还是家里？
qiántái：jiǎncháhou zài zhèr fùkuǎn jiù xíng. jiǎnchá jiéguǒ gěi nín jì dào gōngsī háishì jiāli?

小华：给我寄到公司吧！
xiǎohuá：gěi wǒ jì dào gōngsī ba!

前台：与体检有关的问题就打电话，省得跑来跑去。
qiántái：yǔ tǐjiǎn yǒuguān de wèntí jiù dǎ diànhuà, shěng de pǎoláipǎoqù.

회화 2. 在医院药房 병원약국에서 Track 27

药剂师：请出示医生开的药方。
yàojìshī：qǐng chūshì yīshēng kāi de yàofāng.

小华：给你。
xiǎohuá：gěi nǐ.

药剂师：请销等。一天吃三次，一次两片。请在饭后30分钟服用。
yàojìshī：qǐng xiāo děng. yìtiān chī sān cì, yí cì liǎng piàn. qǐng zài fànhou sānshí fènzhōng fúyòng.

小华：知道了。你能不能再给我一瓶维生素C？
xiǎohuá：zhīdào le. nǐ néng bu néng zài gěi wǒ yì píng wéishēngsùC？

药剂师：但是这种维C近期已经被排除到医保范围之外了。
yàojìshī：dànshì zhè zhǒng wéi C jìn qī yǐ jīng bèi pái chú dào yī bǎo fàn wéi zhī wài le.

小华：那我就不要了。可以把用医保的保健品拿过来给我看看吗？
xiǎohuá：nà wǒ jiù búyào le. kěyǐ bǎ yòng yībǎo de bǎojiànpǐn náguòlai gěi wǒ kànkan ma？

药剂师：这种钙片儿可以。
yàojìshī：zhè zhǒng gàipiànr kěyǐ.

小华：好，请给我来一瓶吧。
xiǎohuá：hǎo, qǐng gěi wǒ lái yì píng ba.

药剂师：一共是三万块钱。
yàojìshī：yígòng shì sānwàn kuài qián.

小华：可以使用信用卡结账吗？
xiǎohuá：kěyǐ shǐyòng xìnyòngkǎ jiézhàng ma？

药剂师：当然可以。
yàojìshī：dāngrán kěyǐ.

小华：请划这张卡。
xiǎohuá：qǐng huá zhè zhāng kǎ.

药剂师：这是您的药和信用卡，请拿好。
yàojìshī：zhè shì nín de yào hé xìnyòngkǎ, qǐng ná hǎo.

Pattern으로 익히는 문법과 어휘

1. 강조 용법:'是~的'

我**是**来作例行体检**的**。
wǒ shì lái zuò lìháng tǐjiǎn de.
전 정기검진 받으러 왔습니다.

'A是B的' 구문은 '장소', '시간', '목적', '방식', '행위자' 등을 강조하는 문장형태이며, 이때 '장소', '시간', '목적', '방식', '행위자'의 내용은 B에 넣으면 된다. 부정형은 '不是~的'로, '是~的' 문형은 평서문에서는 '是'를 생략해도 되지만 주어가 지시대명사이거나 부정문의 경우에는 생략할 수 없다. 목적어의 경우 앞뒤 모두 위치할 수 있지만, 사람인 경우는 的앞에 위치한다.

(1) 这本字典**是**在学校书店买**的**。(장소)
(2) 他**是**在早上五点出生**的**。(시간)
(3) 我们**是**早上锻炼身体去**的**。(목적)
(4) 这件事**是**他做**的**。(행위자)

2. 목적 관계 접속사: '省得'

与体检有关的问题就打电话，**省得**跑来跑去。
yǔ tǐjiǎn yǒuguān de wèntí jiù dǎ diànhuà, shěng de pǎoláipǎoqù.
검진과 관련된 문의는 오실 필요 없으시고 전화하시면 됩니다.

'省得'는 '~하지 않도록', '~하지 않기 위해서'라는 의미의 목적관계 문장에서 사용되는 접속사로 '以免', '免得'와 바꿔 쓸 수 있다. 한국에서는 '省得'의 의미를 앞 절에서 말하지만 중국어에서는 뒷 절 맨 앞에 써야한다.

(1) 我们还是刷卡吧，**省得**再去银行取钱了。
(2) 我帮你买回来，**省得**一会儿你再跑一趟。

3.'被'자문

但是这种维C近期已经**被**排除到医保范围之外了。
dànshì zhè zhǒng wéi C jìn qī yǐ jīng bèi pái chú dào yī bǎo fàn wéi zhī wài le.
비타민 C 드링크는 요즘 의료보험에서 제외되어 있어요.

'被'는 '~가 ~에 의해서 ~되다'의 의미로, '被'가 사용된 문형은 문장의 주어가 동작 행위의 대상 혹은 피해자가 된다. 형태는 '주어(동작의 대상)+被+행위자+동사+기타 성분'이며, 이때 행위자는 생략되기도 한다. 그러나 기타 성분인 결과보어, 정도보어, 방향보어, '了', '过', 동량사 등을 꼭 쓴다. 부정형은 '被'앞에 '没'나 '不'를 쓴다.

(1) 他因为对一个同事动粗而被公司开除了。
(2) 我从没被我们领导批评过。
(3) 刚才一辆小轿车被大卡车撞到了。

4. 복합방향보어

可以把用医保的保健品**拿过来**给我看看吗?
kěyǐ bǎ yòng yībǎo de bǎojiànpǐn náguòlai gěi wǒ kànkan ma?
의료 보험이 적용되는 보건의약품을 저에게 보여주실 수 있나요?

복합방향보어는 단순방향보어 '동사+来/去'의 형태에서 동사와 '来'나 동사와 '去'사이에 '进', '出', '上', '下', '回', '过', '起'를 넣으면 된다. 이 중에서 '起'와 '去'는 결합하지 않는다. 복합방향보어의 부정 형식은 '부정부사+술어+방향보어+목적어'이다. 복합방향보어를 사용할 때 목적어의 위치는 목적어가 일반사물인 경우는 '来'와 '去'의 앞이나 뒤에 모두 써도 되고, 장소목적어일 경우 반드시 '来'와 '去'의 앞에 쓴다. 복합방향보어는 본래 의미 외에 파생된 의미를 나타내기도 한다.

(1) 电梯坏了, 你还是从楼梯走**上来**吧。
(2) 你什么时候把钱汇**过去**啊?
(3) 我今天早上才刚从哈尔滨飞**回来**。
(4) 我们的导师站**起来**讲话。

응용해 봅시다

1. 제시된 조건에 맞게 문장을 완성해 보세요.

1) 아래 쓰임과 같은 '是~的'구문의 문장을 만들어 보세요.

(1) 这本字典<u>是</u>在学校书店买<u>的</u>。

→

(2) 他<u>是</u>在早上五点出生<u>的</u>。

→

(3) 我们<u>是</u>早上锻炼去<u>的</u>。

→

(4) 这件事<u>是</u>他做<u>的</u>。

→

2) 아래 문장에 알맞은 단어를 골라 쓰세요.

下来，起来，省得，被，上去

(1) 你在办公室等着，我走____________找你。上去

(2) 这只可怜的小狗__________主人遗弃在路边。被

(3) 还是我去吧，______________你再跑一趟了。省得

(4) 今天早上________得实在是太早了，我都困了。起来

(5) 宝宝从床上跳__________，结果摔倒了。下来

2. 아래의 단어를 문법에 맞게 배열하고 해석하세요.

(1) 吗　使用　信用卡　结账　可以　？

→

(2) 行　付款　后　检查　再　就　。

→

(3) 体检　我　来　做　例行　的　是　。

→

(4) 给　哪儿　检查　您　寄　结果　到　？

→

3. 다음 한국어를 중국어로 바꾸어 보세요.

(1) 전 건강검진 받으러 왔는데요.

→

(2) 건강검진과 관련된 문의는 오실 필요 없이 전화 주시면 됩니다.

→

(3) 하루에 세 번, 한 번에 두 알 씩 식후 30분 있다가 드세요.

→

(4) 이 종류의 비타민 C 드링크는 요즘 의료보험에서 제외되어 있어요.

→

(5) 의료 보험이 적용되는 보건의약품을 저에게 보여주실 수 있나요?

→

4. 다음 제시된 어휘를 사용하여 대화를 만들어 보세요.

医保，检查，信用卡，结果，药方

5. 다음 글을 읽고 100자로 요약해 보세요.

中医史上第一家官办的药店诞生于宋神宗熙宁九年(公元1076年)，是大名鼎鼎的改革家王安石批准创建的。当时，王安石基于变法派内部分裂，爱子王雱英年早逝，尤其是自己久病缠身，决定辞职而归隐山林。临别政坛，他命人在首都开封创设一家“太医局熟药所”，也叫“买药所”，可以说，它就是现代中药店的前身。

在王安石变法期间，各地曾多次发生自然灾害。他虽然表示“天变不足畏”，但看到那么多病人痛苦的样子，常常深感不安。尤其是当他得知病者缺医少药，有些人又乘机制造和贩卖假药时，更是百感交集。这时，有人提出建议：应成立一个专门机构，一方面研制一定规格的各种剂型成药，如丸、散、膏、丹，由国家专利出售，不许个人或其他部门私自制作；一方面在水旱疫疠之灾时，给百姓发放药剂。王安石听罢大喜，当即采纳了意见，并组织专门人员落实。

“太医局熟药所”成立后，大大方便了病人，也为政府赢得了丰厚的利润，受到了朝野的一致赞许。所以，王安石变法虽然以失败告终，但“熟药所”的“生意”却一直保持着良好的发展势头。到宋徽宗崇宁二年(公元1103年)，药所已增开到七所。几年后，五所“熟药所”更名为“医药惠民局”，两所“修合药所”更名为“医药和剂局”。与此同时，类似的药局犹如雨后春笋，迅速出现在全国各地。再后来，由于社会分工的细化，制药和卖药渐渐分离，从而出现了现代意义上的药店，专以卖药为业。

주제별 어휘: 병의 증상과 약

头疼	发烧	发冷	咳嗽
tóuténg	fāshāo	fālěng	késòu
두통	열이 나다.	오한이 나다.	기침을 하다.
嗓子疼	打喷嚏	流鼻涕	鼻塞
sǎngziténg	dǎpēntì	liúbítì	bísāi
목이 아프다.	재채기를 하다.	콧물이 나다.	코가 막히다.
发晕	肚子疼	胃疼	过敏症
fāyūn	dùziténg	wèiténg	guòmǐnzhèng
현기증이 나다.	배가 아프다.	위가 아프다.	알레르기
特应性皮炎	抗生素	感冒药	退烧药
tèyīngxìngpíyán	kàngshēngsù	gǎnmàoyào	tuìshāoyào
아토피성 피부염	항생제	감기약	해열제
肠胃药	止痛药	安眠药	止泻药
chángwèiyào	zhǐtòngyào	ānmiányào	zhǐxièyào
위장약	진통제	수면제	설사약

第10课

在邮局

우체국에서

회화 내용	문법&어휘
1. 새해카드 보내기.	1. '将'의 여러 용법
2. 우편 종류 묻기.	2. 가능보어
2. 소포 부치기.	3. '除非~要不然'
	4. '为~起见'

새 단어

Track 28

明信片 [míngxìnpiàn] 【명】 엽서.	包裹 [bāoguǒ] 【명/동】 소포. 포장하다.
旺季 [wàngjì] 【명】 성수기.	快递 [kuàidì] 【명】 특급 우편.
按时 [ànshí] 【부】 제때에. 시간에 맞추어.	特快专递 [tèkuàizhuāndì] 【명】 특급 우편.
加急 [jiājí] 【형】 긴급의.	秤 [chèng] 【명】 저울.
费 [fèi] 【명】 비용. 요금. 수수료.	称 [chēng] 【동】 (무게를)측정하다. 재다. 달다.
邮编 [yóubiān] 【명】 우편번호.	安全 [ānquán] 【형】 안전하다.
元旦 [yuándàn] 【명】 양력 설날. 정월 초하루.	为~起见 [wèi~qǐjiàn] …를 위해서.
将 [jiāng] 【부】 …하게 될 것이다. …일 것이다. [미래에 대한 판단]	

회화 1. 寄明信片 카드보내기 Track 29

小华：我想将几张明信片寄给在首尔的朋友。
xiǎohuá：wǒ xiǎng jiāng jǐ zhāng míngxìnpiàn jì gěi zài shǒuěr de péngyou.

职员：使用哪种邮寄方式？ 一般的还是加急的？
zhíyuán：shǐyòng nǎ zhǒng yóujì fāngshì？yìbān de háishì jiājí de？

小华：一般的就可以了。
xiǎohuá：yìbān de jiù kěyǐ le.

职员：最近寄明信片的人很多，因为是旺季，收信人有可能按时收不到。
zhíyuán：zuìjìn jì míngxìnpiàn de rén hěn duō, yīnwéi shì wàngjì, shōuxìnrén yǒu kěnéng ànshí shōubúdào.

小华：那大概需要多长时间呢?
xiǎohuá：nà dàgài xūyào duōcháng shíjiān?

职员：不好说，最少十天吧。
zhíyuán：bù hǎo shuō, zuì shǎo shí tiān ba.

小华：那您还是帮我改成加急的吧！需要多交多少钱？
xiǎohuá：nà nín háishì bāng wǒ gǎi chéng jiājí de ba! xūyào duō jiāo duōshao qián？

职员：再添十块钱的加急费。
zhíyuán：zài tiān shí kuài qián de jiājí fèi.

小华：还好不是很贵，给您。
xiǎohuá：hái hǎo bú shì hěn guì, gěi nín.

职员：收信人的邮编一定要写上。
zhíyuán：shōuxìnrén de yóubiān yídìng yào xiěshang.

小华：我知道。写好了。
xiǎohuá：wǒ zhīdào. xiě hǎo le.

职员：好了，可以了。祝您元旦快乐!
zhí yuán：hǎo le, kěyǐ le. zhù nín yuándàn kuàilè !

회화 2. 寄包裹 소포 보내기

Track 30

东勋：我想将这个包裹寄到韩国去。
dōngxūn：wǒ xiǎng jiāng zhè ge bāoguǒ jì dào hánguó qù.

邮局职员：请先填一下儿这个表格。
yóujúzhíyuán：qǐng xiān tián yíxià zhè ge biǎogé.

东勋：您看这样写行吗？
dōngxūn：nín kàn zhèyàng xiě xíng ma?

邮局职员：里面是什么？在这儿写上您要寄的东西是什么。
yóujúzhíyuán：lǐmiàn shì shénme? zài zhèr xiě shang nín yào jì de dōngxi shì shénme.

东勋：只有一件毛衣。
dōngxūn：zhīyǒu yí jiàn máoyī.

邮局职员：快递分一般和特快两种。请问使用哪一种快递方式？
yóujúzhíyuán：kuàidì fèn yìbān hé tèkuài liǎng zhǒng. qǐngwèn shǐyòng nǎ yìzhǒng kuàidì fāngshì?

东勋：特快专递什么时候可以到？
dōngxūn：tèkuài zhuāndì shénmeshíhou kěyǐ dào?

邮局职员：特快专递只需两天就能到达目的地。
yóujúzhíyuán：tèkuài zhuāndì zhǐ xū liǎng tiān jiù néng dàodá mùdìdì.

除非有急事，要不然很少使用这种快递方式。
chúfēi yǒu jíshì, yàobùrán hěn shǎo shǐyòng zhè zhǒng kuàidì fāngshì.

东勋：为了安全起见，我还是用特快专递吧！
dōngxūn：wèile ānquán qǐjiàn, wǒ háishì yòng tèkuài zhuāndì ba!

邮局职员：可以，那把它放在秤上，先称一下重量。
yóujúzhíyuán：kěyǐ, nà bǎ tā fàng zài chèngshang, xiān chēng yíxià zhòngliàng.

650克，要120块钱。
liùbǎi wǔshí kè, yào yìbǎi èrshí kuài qián.

东勋：这么贵啊！我只有150块钱了。
dōng xūn：zhème guì a! wǒ zhǐyǒu yìbǎi wǔshí kuài qián le.

邮局职员：这是收据和找给您的钱，请收好。
yóujúzhíyuán：zhè shì shōujù hé zhǎo gěi nín de qián, qǐng shōu hǎo.

Pattern으로 익히는 문법과 어휘

1. '将'의 여러 용법

我想**将**几张明信片寄给在首尔的朋友。
wǒ xiǎng jiāng jǐ zhāng míngxìnpiàn gěi zài shǒuěr de péngyou.
전 엽서 몇 장을 서울 친구에게 보내고 싶은데요.

'将'이 전치사로 사용되면 '~을', '~를'의 의미로 '把'처럼 목적어를 동사 앞에 전치시킬 때 쓰인다. 또 부사로 '~하게 될 것이다'나 '~일 것이다.'라는 미래에 대한 판단을 나타낼 때 사용되기도 한다.

(1) 最后，**将**羊肉片放到火锅里涮就行了。(전치사)
(2) 他**将**在三天后离开上海去东京。(부사)

2. 가능보어

因为是旺季，收信人有可能按时**收不到**。
yīnwéi shì wàngjì, shōuxìnrén yǒu kěnéng ànshí shōubúdào.
성수기라서, 받으시는 분께서 제때 받지 못하실 수 있습니다.

가능 보어는 동작이나 상황의 가능성 혹은 불가능성을 표현하는 보어이다. 문장의 형태는 가능성을 나타낼 때는 '동사+得+결과/방향보어'의 형태로 쓰고 불가능성을 나타낼 때는 '동사+不+결과/방향보어'의 형태로 쓴다. 조동사 '能', '可以'와 비교해 구어체 어감이 강하다.

(1) 我们才五个人，你点了二十个菜，一定**吃不了**。
(2) 我**参加得了**你的生日聚会。

3. 조건관계: '除非～要不然'

除非有急事，**要不然**很少使用这种快递方式。
chúfēi yǒu jíshì, yàobùrán hěn shǎo shǐyòng zhè zhǒng kuàidì fāngshì.
급한 일 외엔 특급 우편으로 보내는 일은 매우 적어요.

'除非～'는 접속사로 주로 두 가지 의미로 쓰인다. 첫째, '只有'처럼 유일한 조건을 나타낼 때 '다만 ~함으로써만이 비로소' 또는 '오직 ~하여야 (비로소)'의 의미로 사용하며, 둘째, '除了～'처럼 어떤 것을 제외하고의 의미를 나타낼 때 '~아니고서는', '~(지) 않고서는'의 의미로 사용된다.

형태는 둘 다 뒤에 '才', '否则', '不然', '要不然'등과 합쳐서 사용할 수 있다. 윗 문장의 '除非～要不然'의 경우는 두 번째 의미로 'A를 제외하고는, 그렇지 않으면 B한다.'의 의미로 사용된 것이다.

(1) **除非**我们齐心合力，这次难关**才**能顺利通过。
(2) **除非**在这附近修建个水库，**否则**旱灾问题解决不了。

4. 목적과 원인의 표현: '为～起见'

为了安全起见，我还是用特快专递吧！
wèile ānquán qǐjiàn, wǒ háishì yòng tèkuài zhuāndì ba!
안전을 위해 특급우편으로 보내는 게 나을 거 같아요!

'为～起见'은 '~를 위해서'라는 의미로 원인이나 목적을 나타낼 때 쓴다. 이때 '起见'은 '~를 위해서', '~하기 위하여'의 의미의 조사로 절대 '起见' 단독으로 쓰일 수 없고 반드시 "为"와 호응 하여 '为～起见'의 형태로 쓰인다.

(1) **为了**方便**起见**，我们把车停在门口吧。
(2) **为了**省钱**起见**，本公司不得使用空调。

응용해 봅시다

1. 제시된 조건에 맞게 문장을 완성해 보세요.

1) 아래 문장과 같은 쓰임으로 문장을 만들어 보세요.

(1) 最后，<u>将</u>羊肉片放到火锅里涮就行了。

→

(2) 他<u>将</u>在三天后离开上海去东京。

→

2) 아래 제시된 문장을 가능보어 형태로 바꾸어 보세요.

(1) 你可以跟其他在线的人聊天。

→

(2) 绝对有必要知道你自己可以享受哪些福利。

→

(3) 你能看到柜台后面的小个子男人吗？

→

(4) 这款新型汽车平均每升汽油能跑20公里。

→

3) 아래 문장에 알맞은 단어를 골라 넣으세요.

除非～才　　否则　　要不然　　为(了)～起见

(1)__________安全_________，我们应该在检查一遍这些基础设施。

(2) 他让我们及时纠正错误，___________后果自负。

(3) 快把门打开，__________我要砸门了！

(4) __________迫不得已，我__________不会冒着大雨外出呢。

2. 아래의 단어를 문법에 맞게 배열하고 해석하세요.

(1) 写　一定　右边　收信人　上　的　邮编　。

→

(2) 多　最近　明信片　的　寄　人　很　。

→

(3) 目的地　特快专递　到达　就　能　只　两天　需　。

→

(4) 钱　您　是　收据　找　的　给　这　。

→

3. 다음 한국어를 중국어로 바꾸어 보세요.

(1) 피크기간이어서, 받으시는 분들이 제때 받지 못하실 수도 있습니다.

→

(2) 이 소포를 한국에 보내려고 하는데요.

→

(3) 받으시는 분의 우편 번호는 반드시 쓰셔야 합니다.

→

(4) 급한 일이 아니면 이 빠른 배송으로 보내는 일이 적죠.

→

(5) 안전을 위해, 전 특급으로 보낼 게요.

→

4. 다음 제시된 어휘를 사용하여 대화를 만들어 보세요.

特快专递，邮编，包裹，安全，旺季

5. 다음 글을 읽고 100자로 요약해 보세요.

特快邮递服务区别于邮政服务是由万国邮政联盟(UPU)邮政部成员提供的一种国际特快邮政服务，由消费者付出较贵的费用以获得快速的邮政传递服务，常应用于必须快速发送的重要信函或邮件。

中国邮政速递物流股份有限公司（简称中国邮政速递物流）是经国务院批准，中国邮政集团于2010年6月联合各省邮政公司共同发起设立的国有股份制公司，是中国经营历史最悠久、规模最大、网络覆盖范围最广、业务品种最丰富的快递物流综合服务提供商。

中国邮政速递物流在国内31个省（自治区、直辖市）设立全资子公司，并拥有邮政货运航空公司、中邮物流有限责任公司等子公司。截止2010年底，公司注册资本80亿元人民币，资产规模超过210亿元，员工近10万人，业务范围遍及全国31个省（自治区、直辖市）的所有市县乡（镇），通达包括港、澳、台地区在内的全球200余个国家和地区，营业网点超过4.5万个。

中国邮政速递物流主要经营国内速递、国际速递、合同物流、快货等业务，国内、国际速递服务涵盖卓越、标准和经济不同时限水平和代收货款等增值服务，合同物流涵盖仓储、运输等供应链全过程。拥有享誉全球的“EMS”特快专递品牌和国内知名的“CNPL”物流品牌。

EMS分为航空和陆运两种，航空EMS，时效为大城市次日到达，乡村或偏远城市为2日到达，偏远城市的乡村为3日到达，快递单上右上角标有“国内标准快递"字样（本省内也有国内标准快递，但非航空）。陆运EMS时效为邻省城市为2日到达，偏远城市为4日到达，一般城市为3日到达，乡村在上述时间上晚1-2天到达，快递单上的右上角标有"国内经济快递"字样。

주제별 어휘: 우체국과 우편물

邮筒	邮递员	包裹单	挂号信
yóutǒng	yóudìyuán	bāoguǒdān	guàhàoxìn
우체통	우체부	소포수령증	등기우편
圣诞卡片	**信封**	**纪念邮票**	**集邮**
shèngdànkǎpiàn	xìnfēng	jìniànyóupiào	jíyóu
크리스마스 카드	편지 봉투	기념우표	우표수집
发信人	**收信人**	**邮政编码**	**地址不详**
fāxìnrén	shōuxìnrén	yóuzhèngbiānmǎ	dìzhǐbùxiáng
보내는 사람	받는 사람	우편번호	수취인 불명
当心破碎	**小心轻放**	**小心玻璃**	**请勿倒置**
dāngxīnpòsuì	xiǎoxīnqīngfàng	xiǎoxīnbōlí	qǐngwùdàozhì
깨짐주의	취급주의	유리주의	거꾸로 뒤집지 마시오

본문 해석

제1과

회화 1

점원: 환영합니다. 무엇을 드실 건가요?
동훈: 치킨 버거 세트 하나 주세요.
점원: 200원 추가하시면, 콜라 또는 감자튀김을 큰 사이즈로 바꿀 수 있습니다.
동훈: 그럼 콜라를 큰 사이즈로 바꿀게요.
점원: 또 필요한 거 있으신가요?
동훈: 더블 치즈버거 주세요.
점원: 네, 치킨 버거 세트에 콜라 사이즈 업 하시고 더블 치즈버거 단품으로 하나 하셔서 모두 38원입니다.
동훈: 여기 있습니다.
직원: 50원 받았습니다. 거스름돈 12원입니다.

회화 2

점원: 어서 오십시오. 무엇을 드실 건가요?
소화: 카라멜 카페모카와 녹차라떼 한잔 주세요.
점원: 따뜻한 걸로 하시겠어요? 차가운 걸로 하시겠어요?
소화: 모카는 아이스로, 라떼는 따뜻한 걸로 주세요.
점원: 컵 사이즈는 어떤 걸로 하시겠어요? 벤티(Venti), 그란떼(Grande) 그리고 톨(Tall) 세 가지 사이즈가 있습니다.
소화: 두 개 모두 그란떼(Grande) 사이즈로 주세요.
점원: 모카는 생크림 추가 할까요?
소화: 괜찮아요.
점원: 아이스 카라멜 카페모카 한 잔과 따뜻한 녹차 라떼 한 잔 주문하셨습니다. 아이스 카라멜 카페모카는 28원이고, 녹차 라떼는 25원이어서 모두 53원입니다. 또 필요한 거 있으신가요?
소화: 없습니다. 여기 60원 있어요.
점원: 60원 받았습니다. 거스름돈 7원입니다. 5분 후에 받으러 오세요.

제2과

회화 1

종업원: 안녕하세요, 여긴 베이징 레스토랑입니다.
동훈: 전 룸 하나를 예약하고 싶은데요, 오늘 저녁 6시 반에 자리 있나요?
종업원: 있습니다. 몇 분이시죠?
동훈: 6명이에요.
종업원: 10명 이하이시면, 50원을 추가하셔야 됩니다.
동훈: 괜찮아요. 예약해 주세요.
종업원 : 저에게 성함과 연락처를 알려주세요.
동훈 : 제 이름은 조동훈이구요, 전화번호는130-8484-1982입니다.
종업원: 그럼 다시 한 번 더 확인하겠습니다. 조동훈님, 오늘 저녁 6시 반 룸 하나 예약하셨고, 모두 6분입니다. 연락처는 130-8484-1982입니다. 맞으신가요?
동훈: 맞습니다. 고마워요.
종업원: 서비스해 드릴 수 있게 되어 영광입니다. 저희 식당에 대한 사랑과 성원에 감사드립니다.

회화 2

동훈: 소화, 여기 분위기 좋은 거 같지 않아?
소화: 응, 매우 괜찮을 걸!
동훈: 넌 어떤 거 먹고 싶어? 오늘 내가 쏠 게.
소화: 정말? 그럼 나 비싼 거 주문해야겠네!
동훈: 종업원. 우리 주문할게요.
종업원: 안녕하세요, 무엇을 주문하시겠어요?
소화: 여기 특선 요리가 뭐죠?
종업원: 저흰 동파저우즈(东坡肘子)가 유명합니다. 많은 고객 분들이 소문 듣고 찾아오셔서 드시고 계시죠.
동훈: 좋아요, 그럼 우리도 하나 주세요. 시후추위(西湖醋鱼)도 한 접시 주시구요.
종업원: 식사는 어떤 걸로 하시겠어요?
소화: 진쓰취엔(金丝卷)으로 주세요.

종업원: 다른 거 더 필요한 거 있으신가요?

소화: 충분해요. 부족하면 좀 있다 다시 주문할 게요.

제3과

회화 1

(화장품 판매대 앞에서)

판매원: 제가 도와드릴까요?

소화: 기초화장품을 다 사용해서, 한 세트 다시 사려고 하는데요.

판매원: 이전에 저희 브랜드의 화장품을 사용하셨나요?

소화: 아뇨, 제 친구가 제게 이 브랜드를 추천해 줬어요.

판매원: 그럼 고객님의 피부 타입이 어떤지 알고 계신가요? 건성이신가요? 아니면 지성이신가요?

소화: 건성이에요.

판매원: 그럼 고객님께 이 신제품을 추천해 드리고 싶습니다. 이 제품은 하루 24시간 피부의 수분을 유지해 주어서 건성 피부를 가지신 분들에게 매우 환영받고 있습니다. 한 번 발라 보시겠어요?

(발라 본 후)

소화: 음, 느낌이 괜찮네요. 이 걸로 살게요.

판매원: 지금 국경절 기간이라, 이 신제품을 구매하시면, 저희가 5종 샘플을 증정해드리고 있습니다.

회화 2

판매원: 두 분은 어떤 가전제품을 사려고 하시나요?

동훈: 저흰 곧 결혼할 거라, 냉장고를 사려고 해요.

판매원: 아시다시피, 하이얼은 국내에서 가장 큰 국산 전자 브랜드로, 품질이 좋은 것 뿐 아니라, A/S는 말할 필요도 없죠.

소화: 저흰 마침 그런 것 때문에 하이얼 전자제품을 살 계획이었어요.

판매원: 두 분 마침 잘 오셨어요. 저희 개업 20년 기념에 맞춰, 마침 200만원 사시면 20만원 돌려드리는 고객 감사 이벤트를 하고 있습니다.

동훈: 그래요? 저희 운이 너무 좋네요! 정말 수지 맞았네요! 우리 여기서 사죠.

소화: 난 은색에 꽃무늬가 있는 이 16년 신형 냉장고를 사고 싶어요.

판매원: 정말 안목이 있으시군요! 이 냉장고는 금년에 가장 인기 있는 상품입니다.

소화: 가격이 4,000원이니, 저희 400원의 상품권 받을 수 있는 거죠. 그럼 우리 상품권으로 전자오븐레인지 무료로 받자. 계산은 어디서 하죠?

판매원: 저기 계산대에서 하시면 됩니다. 저희 제품을 구매해주셔서 감사합니다. 다음번에도 다시 방문해 주세요!

제4과

회화 1

데스크: 어서 오십시오! 저희 H2 헬스클럽을 방문하신 걸 환영합니다.

소화: 안녕하세요! 상담 받으러 왔는데요.

데스크: 무엇이든 물어보세요. 제가 성심성의껏 답변해 드리겠습니다.

소화: 요즘 다이어트 중인데, 효과가 그다지 나타나지 않네요. 제게 다이어트에 좋은 운동 추천해주시겠어요?

데스크: 요가나 수영 모두 다이어트에 많은 도움을 줍니다.

소화: 정말요? 만약 수영반과 요가 반을 동시에 등록하면 우대혜택이 있나요?

데스크: 저희 헬스클럽의 회원카드를 만드시면, 10%의 우대 혜택이 있습니다.

소화: 회원카드는 어떻게 만들죠?

직원: 우선 여기 회원 등록카드를 써 주시고, 100원의 카드보증금을 내시면 됩니다. 저희의 회원이용권은 충전식입니다.

소화: 네, 좀 생각해 볼게요, 우선 트레이너 분을 소개해 주실 수 있나요?

데스크: 당연히 되죠. 잠시만 기다려 주세요.

회화 2

수영 강사: 안녕 하세요. 저는 수영트레이너 왕치앙이라고 합니다.

요가 강사: 전 요가 강사인 이뤄라고 합니다. 저희 헬스센터에 오신 걸 환영합니다.

소화: 전 수영할 줄 모르는 완전 초보입니다. 제가 얼마나 배우면 잘 할 수 있을까요?

수영강사: 저희 초급반의 프로그램 과정에 따라 매주 세 번 오신 다면, 두 달 정도면 될 겁니다.

소화: 알겠습니다. 수영 선생님. 아! 요가 선생님 전 이전에 반년 동안 요가를 배웠지만 아직 잘 하진 못하는데요. 어느 반에서 수업 받으면 될까요?

요가 강사: 저흰 중급반이 3개 있는데, 중급 1반에 등록하시면 될 거 같아요.

소화: 전 아침 7시에서 8시 수업을 듣고 싶은데, 자리가 있는지 모르겠네요.

요가 강사: 이 시간대엔 월수금 수업만 자리가 있습니다.

소화: 네, 그럼 앞으로 두 분 선생님 잘 부탁드립니다.

수영강사, 요가강사: 저희가 해야 하는 일인걸요.

소화: 감사합니다. 두 분 선생님 다음 주에 뵙겠습니다.

제5과

회화 1

소화: 안녕하세요, 출발 시간을 변경할 수 있는지 알고 싶은데요?

여행사 직원: 우선 비행기표와 여권을 보여주세요. 언제로 바꾸시려고 하시나요?

소화: 전 2시를 6시 출발로 바꾸고 싶은데요.

여행사 직원: 잠시만 기다려 주세요. 6시 비행기에 아직 좌석이 있는지 확인해 보겠습니다. 자리가 있네요, 하지만 복도 쪽인데 괜찮으시겠습니까?

소화: 네 괜찮아요, 6시면 됩니다.

여행사 직원: 다른 문의 사항 있으신가요?

소화: 저 어디서 국제 로밍서비스를 받을 수 있죠?

여행사 직원: 옆에 통신 서비스 센터에 가시면 됩니다. 즐거운 여행 되세요!

회화 2

공항 직원: 안녕하십니까?

소화: 전 이미 좌석 예매를 했습니다.

공항직원: 비행기 표와 여권 보여주세요.

소화: 여기요.

공항 직원: 제가 한번 확인해 보겠습니다. 잠시만 기다려 주세요. 복도쪽 C15 좌석, 맞으신가요?

소화: 네 맞아요.

공항 직원: 맡기실 짐이 있으신가요?

소화: 하나 있는데, 좀 큽니다.

공항 직원: 가방을 이 위에 바로 놓아주세요. 짐의 무게가 7kg 초과 되었습니다.

소화: 그러면 어쩌죠? 초과 비용을 내야 하나요?

공항 직원: 300원의 초과 비용을 내셔야 합니다.

소화: 너무 비싸군요! 그럼 제가 우선 정리 한 번 하고 다시 수속을 밟아도 될까요?

공항 직원: 됩니다. 그러나 시간이 얼마 남지 않았으니, 서둘러 주세요.

제6과

회화 1

호텔직원: YJ호텔에 오신 걸 환영합니다! 무엇을 도와드릴까요?

동훈: 전 전화로 방을 하나 예약했는데요.

호텔직원: 네, 제가 확인해 보겠습니다. 성함 알려주세요.

동훈: 제 이름은 조동훈입니다.

호텔직원: 조동훈 님, 1인실 맞으신가요?

동훈: 네 맞아요, 여기서 3일 머물려고 해요.

호텔직원: 여기 숙박카드 적으시구요. 당신의 신분증도 보여주세요.

동훈: 여권도 되나요?

호텔직원: 네 됩니다. 800원의 보증금도 주셔야 합니다.

동훈: 여기 있어요.

호텔직원: 수속 다 되었습니다. 여기 객실 키입니다. 잘 챙기시기 바랍니다.

동훈: 저 내일 관광하려고 하는데 여긴 시내에서 얼마나 걸리나요?

호텔직원: 여긴 시내에서 아주 가까워서, 차로 10분이면 도착합니다.

동훈: 고마워요.

호텔직원: 머무르시는 동안 문의 사항 있으시면, 객실 서비스 전화 1000번으로 연락 주십시오.

회화 2

동훈: 저 체크아웃하려고 하는데요.

호텔 직원: 제게 성함과 객실 번호를 알려주시고, 카드키를 주세요.

동훈: 전 조동훈입니다. 1906호이구요, 카드키 여기 있습니다.

호텔직원: 네, 잠시만 기다려주세요. 모두 2,400원입니다.

동훈: 왜 이렇게 비싸죠? 계산이 잘못된 거 아닌가요?

호텔직원: 3일 숙박비는 2,100원인데, 객실에서 두 번 국제 전화를 사용하셨고, 냉장고 안의 음료 두 병과 프링글스를 드신 것을 더해 모두 2,400원이 되었습니다.

동훈: 음료와 감자칩도 지불해야 하나요?

호텔직원: 네, 무료가 아니라, 지불하셔야 합니다.

동훈: 그렇군요. 여기 있어요.

호텔직원: 전부 다 처리 되었습니다. 방에 놓고 가시는 물건 없도록 짐 잘 챙기십시오.

동훈: 여기 호텔은 분위기도 좋고, 서비스도 괜찮아서, 정말 마음에 듭니다.

호텔직원: 저희 호텔에 다시 방문해 주시길 바랍니다.

제7과

회화 1

은행직원: 안녕하세요, 무엇을 도와드릴까요?

동훈: 여기서 환전 업무 하나요?

은행직원: 이 창구에서 합니다.

동훈: 오늘 달러당 인민폐 환율은 어떻게 되죠?

은행직원: 오늘 환율은 어제보다 높아, 6.2원 입니다.

동훈: 그러면 2,000달러 바꿔주시고, 외환저축통장 하나 개설해 주세요.

은행직원: 네. 신분증 혹은 여권을 주세요. 보통예금으로 하실 건가요? 아니면 정기예금으로 하실 건가요?

동훈: 어느 게 이율이 높죠?

은행직원: 보통예금의 이율이 정기예금보다 낮습니다.

동훈: 그럼 보통예금으로 해주세요.

은행직원: 네, 다 되었습니다.

회화 2

은행직원: 인터넷 뱅킹서비스는 많은 장점이 있어요. 편리하고 빠르며 게다가 ATM보다 수수료도 많이 저렴해요.

동훈: 인터넷 뱅킹 서비스는 위험하지 않나요?

은행직원: 최근 공인인증서의 보안 단계가 높아져서, 사기 당하는 사례가 점점 줄어들고 있습니다.

동훈: 그럼 안심이 되네요. 참 외국인이 인터넷 뱅킹서비스를 받을 수 있나요?

은행직원: 외국인 거주증이 있으시면 됩니다.

동훈: 여기 제 외국인 신분증이에요.

은행직원: 이 표를 작성해 주시고, 비밀번호를 입력해 주세요. 비밀 번호는 숫자와 알파벳을 섞어서 입력해 주세요.

동훈: 입력 다 했습니다.

은행직원: 한 번 더 입력해주세요. 다 처리 되었습니다. 여기 당신의 신분증입니다. 잘 챙기세요!

제8과

회화 1

동훈: 우리 어떤 영화 볼까? 아이언맨4 어때?

소화: 나 두 번이나 봤어.

동훈: 그럼 뭐 보지? 이 시간엔 트렌스포머3 만 하는데.

소화: 좋아, 난 아직 못 봤어. 저 영화 아주 재밌다고 하던데.

동훈: 난 네가 이미 봤다고 생각했어. 나도 아직 안봤는데, 너무 보고 싶었어.

소화: 그럼 넌 여기에 줄서서 표사고 있어, 난 매점 가서 팝콘과 음료 좀 사올게.

(영화관 매표소에서)

동훈: 트렌스포머 3 세시 반 커플석으로 두 장 주세요.

판매원: 커플석은 이미 매진되었고, 일반석도 앞좌석만 남아 있습니다.

동훈: 그럼 이 두 좌석으로 주세요. 그리고 40% 할인권이 있는데요.

판매원: 할인 후 가격은 55원입니다. 여기 영화표 있습니다. 받으십시오.

회화 2

소화: 우리 영화 보면서 팝콘 먹자. 어떤 맛 먹고 싶어?

동훈: 난 양파맛이 좋은데, 넌?

소화: 난 카라멜맛 팝콘이 좋아. 팝콘 말고 뭐 먹고 싶어?

동훈: 난 오징어 구이도 먹고 싶네.

소화: 그럼 음료는?

동훈: 난 콜라 먹을래.

소화: 좋아, 그럼 내가 세트로 사올게.

(매점에서)

소화: 팝콘과 콜라 세트 주세요, 얼마죠?

점원: 5원 추가하시면, 음료과 팝콘을 큰 사이즈로 업그레이드 해 드립니다.

소화, 좋아요, 큰 사이즈로 바꾸죠. 아! 또, 제게 할인쿠폰이 있어요.

점원: 20% 할인쿠폰이 사용하시면 35원입니다.

소화: 아, 맞다. 오징어 구이도 하나 주세요. 버터맛으로요.

점원: 모두 56원입니다. 받으십시오.

제9과

회화 1

접수대: 무엇을 도와 드릴까요?

소화: 전 건강검진 받으러 왔는데요.

접수대: 사전에 예약 하셨나요?

소화: 네, 지난주에 전화로 9시 예약 했어요. 전 이소화라고 합니다.

접수대: 찾았습니다. 이소화씨, 9시에 일반 건강검진 예약하셨네요. 여기 표에 기입해 주세요.

소화: 다 기입했습니다. 전 자비로 위내시경 검사를 받고 싶은데, 얼마죠?

접수대: 원래는 6만원인데, 의료보험이 적용되서 2만원이면 됩니다.

소화: 여기서 지불하면 되나요?

접수대: 검사 후 지불하시면 됩니다. 검사 결과는 회사로 보내드릴까요? 아니면 집으로 보내드릴까요?

소화: 회사로 보내주세요!

접수대: 건강검진과 관련된 문의는 오실 필요 없이 전화 주시면 됩니다.

회화 2

약사: 처방전 주세요.

소화: 여기 있습니다.

약사: 잠시만 기다리세요. 하루에 세 번, 한 번에 두 알 씩 식후 30분 있다가 드세요.

소화: 알겠습니다. 비타민 C 드링크도 한 병 주시겠어요.

약사: 이 종류의 비타민 C 드링크는 요즘 의료보험에서 제외되어 있어요.

소화: 그럼 됐어요. 의료 보험이 적용되는 보건의 약품을 저에게 보여주실 수 있나요?

약사: 이 철분제는 적용됩니다.

소화: 좋아요, 한 병 주세요.

약사: 모두 30,000원입니다.

소화: 신용카드로 결제 되나요?

약사: 됩니다.

소화: 그럼 이 카드로 결재해 주세요.

약사: 여기 약과 신용카드 있습니다. 잘 챙기십시오.

제10과

회화1

소화: 엽서 몇 장을 서울에 있는 친구들에게 보내려고 하는데요.

직원: 어떻게 보내시겠어요? 일반으로 보내시겠어요? 빠른 우편으로 보내시겠어요?

소화: 일반이면 될 거 같아요.

직원: 요즘 엽서 보내는 사람들이 많은 피크기간이어서, 받으시는 분들이 제때 받지 못하실 수도 있습니다.

소화: 그럼 대략 어느 정도면 도착할까요?

직원: 정확히 말씀드릴 순 없지만, 최소 10일은 걸릴 거예요.

소화: 그럼 빠른 우편으로 바꿔주세요! 얼마 드리면 되나요?

직원: 10원의 빠른 우편 수수료를 더 주시면 됩니다.

소화: 많이 비싼 게 아니라 더 좋네요, 여기 있어요.

직원: 받으시는 분의 우편 번호는 반드시 쓰셔야 합니다.

소화: 알았습니다. 다 썼습니다.

직원: 좋아요, 됐습니다. 즐거운 설 되세요!

회화2

동훈: 이 소포를 한국에 보내려고 하는데요.

우체국 직원: 우선 여기 쓰세요.

동훈: 이렇게 쓰는 게 맞나요?

우체국 직원: 안에 든 게 뭔가요? 여기에 보내시려는 것이 무엇인지 쓰세요.

동훈: 스웨터예요.

우체국 직원: 빠른 배송은 일반과 특급 두 종류가 있습니다. 어떤 걸로 보내시겠어요?

동훈: 특급은 언제 도착하죠?

우체국 직원: 특급은 이틀이면 목적지에 도달합니다. 급한 일이 아니면 이런 빠른 배송으로는 보내는 일이 적죠.

동훈: 안전을 위해, 전 특급으로 보낼 게요.

우체국 직원: 됐습니다, 그럼 그걸 저울에 올리세요. 무게를 재보겠습니다. 650g이군요, 120원 주시면 됩니다.

동훈: 이렇게 비싸요! 난 150원 뿐이었는데.

우체국 직원: 여기 영수증과 거스름돈 있습니다. 받으십시오.

모범 답안

第 1 课

1.1)(1) 裤子/长，裙子/短 (2) 包子/大，饺子/小 (3) 手提包/黑，钱包/红 (4) 钢笔/粗，铅笔/细

2)(1) 喜欢喝茶/喝咖啡 (2)去中国/去韩国 (3)吃意大利面/吃牛扒 (4)打电话/发邮件

3)(1) 可以/能 (2) 可以/能 (3) 可以 (4) 可以

2.(1) 摩卡上需要加奶油吗？

(2) 请五分钟后来取。

(3) 那把可乐换成大可吧。

(4) 两个都要中杯的。

3.(1) 再加两块钱的话，可以把可乐换成大可或者把薯条换成大薯。

(2) 一个鸡腿汉堡套餐，加一个大可，总共38块钱。

(3) 收到您五十块钱，找您12块钱。

(4) 您要热的还是冰的？

(5) 摩卡上需要加奶油吗？

4. <생략>

5. <생략>

第 2 课

1.(1) 为 (2) 想，遍 (3) 让 (4) 为 (5) 对 (6) 的话 (7) 可，了

2.(1) 不够的话一会儿再点。

(2) 请告诉我您的姓名与联系方式。

(3) 这儿的环境是不是很好？

(4) 非常感谢您对我们餐厅的支持与厚爱。

3.(1) 我想预定一个包间，今天晚上6点半还有座位吗？

(2) 十位以下的话，需要追加50块钱。

(3) 那让我再确认一遍。

(4) 这儿的环境是不是很好？

(5) 不够的话一会儿再点。

4. <생략>

5. <생략>

第 3 课

1.(1) 好 (2) 要～了 (3) 正是～才 (4) 到 (5) 完

2.(1) 这款冰箱在今年是最畅销的了。

(2) 我的基础护肤品用完了。

(3) 非常受干性肤质人群的欢迎。

(4) 我们恰逢开业20周年纪念。

3.(1) 我的基础护肤品用完了，准备再买一套。

(2) 您以前用过这个品牌的化妆品吗？

(3) 我朋友向我推荐了这个品牌。

(4) 我们要结婚了，正打算购置冰箱。

(5) 您真有眼光！这款冰箱在今年是最畅销的了。

4. <생략>

5. <생략>

第 4 课

1.1)(1) 虽然～但是 (2) 首先～然后 (3) 虽然～但是 (4) 首先～然后

2)(1) 或者 (2) 还是 (3) 还是 (4) 或者

3)(1) 往 (2) 于 (3) 完 (4) 会 (5) 在

2.(1) 一般两个月左右就够了。

(2) 我会努力满足您的要求。

(3) 你能不能先介绍教练给我认识？

(4) 办理会员卡的具体方法是什么？

3.(1) 有什么尽管问，我会努力满足您的要求。

(2) 瑜伽或者游泳都对减肥有很大的帮助。

(3) 首先填写这张会员登记表，然后交100元的充值费就可以了。

(4) 虽然我以前学过半年的瑜伽，但是还不太熟练。

(5) 我想要学早上7点到8点的课，不知还有没有名额。

第 5 课

1.1)(1) 只要～就～ (2) 只有～才～ (3) 只有～才～ (4) 只要～就～

2)(1) 着 (2) 成 (3) 一下 (4) 成

2.(1) 我已经提前预定了座位。

(2) 还有什么其他的事情吗？

(3) 请把行李竖着放在这上面。

(4) 我想知道能不能改签出发时间？

3.(1) 我想知道能不能改签出发时间？

(2) 让我查一下六点的飞机还有没有座位。

(3) 只要是六点的就行。

(4) 只有去旁边的联通业务厅办理才可以。

(5) 请把行李竖着放在这上面。

4. <생략>

5. <생략>

第 6 课

1.1)(1) 多大 (2) 多远 (3) 多高 (4) 多少 (5) 多长

2)(1) 一天 (2) 一个月 (3) 两个小时 (4) 十三个小时 (5) 五个小时

3)(1) 去～买 (2) 有/要 (3) 坐～去 (4) 来～吃 (5) 又～也

2.(1) 我打电话预订了一个房间。

(2) 请携带好您的随身物品。

(3) 请告诉我您的姓名和房间号码,

(4) 我想办理退房手续。

3.(1) 我打电话预订了一个房间。

(2) 请填这张住房登记卡，并出示您的身份证

(3) 这儿离市中心有多远？

(4) 请携带好您的随身物品，不要遗失在房间里。

(5) 你们酒店环境又好，服务态度也不错，我非常满意。

第 7 课

1.1)(1) 不但～而且 (2) 不但～而且 (3) 因为～所以 (4) 因为～所以

2)(1) 比 (2) 有 (3) 比 (4) 有

3)(1) 得了 (2) 不了 (3) 得了 (4) 不了

2.(1) 请出示您的身份证或者护照。

(2) 受骗的案例越来越少了

(3) 活期账户的利息没有定期的高。

(4) 密码需要数字与英语字母的混合输入

3.(1) 请问这里办理外币兑换业务吗？

(2) 今天美元对人民币的汇率是多少？

(3) 方便快捷而且比自动取款机的手续费要低很多。

(4) 活期账户的利息没有定期的高。

(5) 如果有外国人登陆证的话，就办得了。

4. <생략>

5. <생략>

第 8 课

1.1)(1) 除了～以外 (2) 一边～一边～ (3) 没有～过 (4) 一边～一边～ (5) 除了～以外

2)(1) 认为 (2) 觉得 (3) 听说 (4) 过 (5) 以为

2.(1) 你在这儿排队买电影票。

(2) 请给我一个爆米花可乐套餐。

(3) 情侣座已经卖光了

(4) 我们一边看电影一边吃爆米花吧

3.(1) 听说那部电影很有意思好看。

(2) 我还以为你已经看过了呢。

(3) 情侣座已经卖光了,一般座位也只剩前面的了。

(4) 我们一边看电影一边吃爆米花吧。

(5) 除了爆米花以外，你还想吃什么？

4. <생략>

5. <생략>

第 9 课

1.1) <생략>

2)(1) 上去 (2) 被 (3) 省得 (4) 起来 (5) 下来

2.(1) 可以使用信用卡结账吗？

(2) 检查后再付款就行。

(3) 我是来做例行体检的。

(4) 检查结果给您寄到哪儿？

3.(1) 我是来作例行体检的。

(2) 与体检有关的问题就打电话，省得跑来跑去。

(3) 一天吃三次，一次两片。请在饭后30分钟服用。

(4) 这种维C近期已经被排除到医保范围之外了。

(5) 可以把用医保的保健品拿过来给我看看吗？

4. <생략>

5. <생략>

第 10 课

1.1) <생략>

2)(1) 你跟其他在线的人聊得了天。

(2) 绝对有必要知道你自己享得了哪些福利。

(3) 你看得到柜台后面的小个子男人吗？

(4) 这款新型汽车平均每升汽油跑的了20公里。

3)(1) 为～起见 (2) 否则 (3) 要不然 (4) 除非～才

2.(1) 收信人的邮编一定要写上。

(2) 最近寄明信片的人很多

(3) 特快专递只需两天就能到达目的地。

(4) 这是收据和找给您的钱。

3.(1) 因为是旺季，收信人有可能按时收不到。

(2) 我想将这个包裹寄到韩国去。

(3) 收信人的邮编一定要写上。

(4) 除非有急事，要不然很少使用这种快递方式。

(5) 为了安全起见，我还是用特快专递吧！

4. <생략>

5. <생략>

지은이

여 정 화

부산대학교 중어중문학과 문학박사
부산대학교 영어영문학과 박사과정 수료
현. 부산대학교 중국연구소 객원연구원, 경성대학교 중국학과 조교수

주요 논문 및 저서

<论韩国大学生性别差异与学习动机的关系> (2014)
<A Study on Chinese Pidgin English> (2013)
<韩国大学生性别差异与二语习得能力的关系浅析> (2013)
<论"牛"与"horse"在习语中具有相同象征意义> (2012)
<A Study on Kinship Terms of Tianjin Dialect> (2011)
<论"虎"与"lion"在习语中具有相同象征意义> (2011)
<중、영관용어의 동물어휘 상징의미 비교 연구> (2010)
<한국과 중국의 문화 교류 현황> (2010)
<A Comparative Study of Tense and Aspect in English and Chinese> (2007), 등

장 지 혜

부산외국어대학교 중국어 중국학과(지역학박사)
전. 경성대학교 중국대학 중국통상학과 조교수
현. 부산외국어대학교 중국어과 강사, 창원대학교 중국학과 강사

주요 논문 및 저서

- 《환경과 사회 변화가 도시인의 기질과 문화형성에 미친 영향- 베이징, 상하이, 광저우를 중심으로》 (2009)
- 《현대중국사회: 10개의 시선, 하나의 중국》 (2009)
- 《외자의 중국기업 M&A에 대한 산업안전논쟁의 영향과 대응방안》 (2010)
- 《중국의 WTO 분쟁 사례 연구-중국의 WTO분쟁사안에 대한 종합 평가 및 한국에의 정책시사점》 (2011)
- 《상황별로 배우는 기초 중국어 회화》 (2012) 등

녹음 여정화, 장지혜

http://newidisk.pusan.ac.kr/ id: m_chinese_c pw: chinese

상황별로 배우는
중급 중국어-Pattern&drill로 익히기-

초판 1쇄 인쇄 2015년 8월 25일
초판 1쇄 발행 2015년 8월 31일

지 은 이 여정화, 장지혜

발 행 인 김 기 섭
펴 낸 곳 부산대학교 출판부
주소－부산광역시 금정구 부산대학로 63번길 2(장전동)
전화－(051) 510－1932~3
전송－(051) 512－7812
등록－제카 11-2 1992. 9. 10.

ISBN 978-89-7316- 505-6 13720 값11,000원